U0947869

且行且知

重庆人文科技学院践行陶行知教育思想的探索与实践

杨霄 于波
段茂升 张国容 匡霞
编著

西南师范大学出版社
国家一级出版社 全国百佳图书出版单位

图书在版编目(CIP)数据

且行且知：重庆人文科技学院践行陶行知教育思想的探索与实践 / 杨霄等编著. — 重庆：西南师范大学出版社，2020.10

ISBN 978-7-5697-0460-0

Ⅰ. ①且… Ⅱ. ①杨… Ⅲ. ①重庆人文科技学院—教育研究 Ⅳ. ①G640

中国版本图书馆 CIP 数据核字(2020)第 193856 号

且行且知：重庆人文科技学院践行陶行知教育思想的探索与实践

QIEXINGQIEZHI:CHONGQING RENWEN KEJI XUEYUAN JIANXING TAOXINGZHI JIAOYU SIXIANG DE TANSUO YU SHIJIAN

杨霄 于波 段茂升 张国容 匡霞 编著

责任编辑：畅 洁
责任校对：曾 艳
封面设计：观止堂_未 氓
排　　版：吴秀琴
出版发行：西南师范大学出版社
地址：重庆市北碚区天生路 2 号
网址：http://www.xscbs.com
印　　刷：重庆紫石东南印务有限公司
幅面尺寸：148mm×210mm
印　　张：7.25
字　　数：223 千字
版　　次：2020 年 10 月 第 1 版
印　　次：2020 年 10 月 第 1 次印刷
书　　号：ISBN 978-7-5697-0460-0

定　　价：28.00 元

序　言

世纪之交，在中国高等教育加快发展的大背景下，民办高等教育迎来了蓬勃发展时期。2000年，为实现伟大的人民教育家陶行知先生“办一所育才大学”的夙愿，重庆人文科技学院的前身——西南师范大学行知育才学院应运而生。建校以来，学校始终坚定不移地扬师陶之旗，行学陶之路，兴研陶之风，育创陶之人，践行陶行知教育思想已蔚成气候。“东有公办晓庄，西有民办育才”，学校被誉为全国高校践行陶行知教育思想的两面旗帜之一。

2020年是重庆人文科技学院办学20周年。为总结办学经验，推动特色发展，学校对20年来践行陶行知教育思想的历程进行了回顾，并组织专家进行了再研讨、再提炼，形成了“融入办学理念、融入人才培养、融入队伍建设、融入校园文化”的“四融入”的办学特色。在此基础上，编撰了《且行且知——重庆人文科技学院践行陶行知教育思想的探索与实践》一书。

本书由杨霄策划并组织，于波、段茂升、张国容、匡霞执笔，杨霄和于波统稿。全书共分五章。第一章，陶行知教育思想及其启示，由于波执笔。从生活教育理论、创造教育思想和学校管理理念等方面综述了陶行知教育思想，并提出对“培养全面发展的学生”“构建手脑并用的人才培养体系”“建设献身教育事业的教师队伍”“构建和谐共生的校园文化”的启示。第二章，陶行知教育思想融入办学理念，由于波执笔。阐释了学校将陶行知教育思想逐步融入办学实践，并固化到办学宗旨、大学精神、一训三风等办学理念之中。第三章，陶行知教育思想融入人才培养，由段茂升

执笔。围绕应用型人才培养定位，从人才培养目标体系建构、人才培养模式实践、教学改革与实践体系建设、人才培养途径实践以及人才培养保障体系建设等方面阐述了在教育教学中践行陶行知“知行合一”“改造社会”“教学做合一”“社会即学校”等教育思想。第四章，陶行知教育思想融入教师队伍建设，由张国容执笔。阐释了从入职选聘到发展培养到考核激励全过程中，学校引导教师树立“捧着一颗心来，不带半根草去”的教育情怀，在“不断提高创造活力”中成长发展，在各种激励机制中“磨砺”升华。第五章，陶行知教育思想融入校园文化，由匡霞执笔。从物质、精神、制度和行为四个层面阐述了学校将陶行知文化作为校园特色文化来建设和发展，形成了富有行知特色的校园文化，陶行知教育思想已经成为学校凝聚教师的“魂”，教育学生的“根”。

本书在编写过程中，得到了民生教育集团董事长李学春、总裁张卫平，重庆人文科技学院原校长何向东、校长张跃光等领导和专家的指导和帮助，在此一并致以诚挚的谢意。

由于水平有限，书中难免存在错误和不妥之处，敬请专家学者批评指正。

MULU 目录

第一章 陶行知教育思想及其启示

陶行知先生(1891—1946)是我国近现代伟大的人民教育家,他一生致力于中国人民的教育事业。毛泽东称其为“伟大的人民教育家”,宋庆龄赞他是“万世师表”,董必武称他为“敬爱的陶夫子,当今一圣人”,毛泽东的老师徐特立在延安时提出:要以陶为师。美国的知名学者戴维德·汉森将陶行知与美国的杜威、意大利的蒙台梭利等并列为最具世界影响力的十大教育思想家。陶行知给我们留下极其丰富的教育思想,“两千年前的孔仲尼,两千年后的陶行知”是陶行知教育思想对当代教育产生深刻影响的写照。

陶行知于1891年10月出生在安徽省歙县,学名文濬,字世昌。陶行知7岁时开始接受私塾教育,15岁时进入歙县耶稣教内地会所办的学校崇一学堂读书,开始接受西方文化教育。1908年崇一学堂关闭,于是转到杭州广济医学堂学医学。3天后,因不满校方歧视非教会学生,愤而退学。1909年,进入南京汇文书院学习。1910年,南京汇文书院与南京宏育书院合并,成立金陵大学堂,陶行知在金陵大学文学系学习。1911年,辛亥革命爆发,他一度回故乡参加地方起义,任徽州咨议机构秘书半年。他信仰孙中山学说,主张民主共和。1912年,陶行知受王阳明“知行合一”思想的影响,取名“陶知行”。在金陵大学学习期间,陶行知先后任金陵大学学生杂志《金陵光》中文部分编辑和主笔,以“陶知行”之名发表文章,宣传民族民主革命思想。1914年,于金陵大学毕业,同年秋赴美国伊利诺大学攻读市政学硕士学位。1915年,转入哥伦比亚大学师范学院学习教育学,攻读教育学博士学位。1917年,担任南京高等师范学校教育学专任教员,主讲

教育学、教育行政和教员统计等课程。1920—1922 年，杜威、孟禄先后到中国讲学，陶行知陪同并担任翻译。在 1934 年 7 月 16 日出版的《生活教育》第 1 卷第 11 期中，陶行知首次以“陶行知”署名发表《行知行》。[①] 在《行知行》中，陶行知是这样说明改名原因的：改名！我久有此意了。在二十三年前，我开始研究“王学”，信仰知行合一的道理，故取名“知行”。七年前，我提出“行是知之始；知是行之成”的理论，正与阳明先生的主张相反，那时以后即有顽皮学生为我改名，常称我“行知吾师”。我很乐意接受。自去年以来，德国朋友卫中先生，即傅有任先生，每每欢喜喊我“行知”。他说：“中国人如果懂得‘行知’的道理而放弃‘知行’的传统思想，才有希望。”[②]

陶行知在美国留学期间师从杜威，深受其实用主义教育理念影响。1917 年陶行知回国后，致力于在中国推行实用主义教育思想。随着新教育运动中国化，陶行知意识到中国社会有其自身特点，不能照搬外国理论。陶行知有感于中国旧式教育是死的、虚伪的、贵族的、不实用的教育，决心推翻中国的旧教育模式，创造新的教育：(一)打倒死的教育，创造活的教育；(二)打倒虚伪的教育，创造真实的教育；(三)打倒贵族式的教育，创造民众化的教育；(四)打倒不切实用的教育，创造适应实际生活需要的教育。[③] 为此，陶行知发出了教育宣言：

我们深信教育是国家万年根本大计。

我们深信生活是教育的中心。

我们深信健康是生活的出发点，也就是教育的出发点。

我们深信教育应当培植生活力使学生向上长。

我们深信教育应当把环境的阻力化为助力。

我们深信教法学法做法合一。

---

①http://tyy.njxzc.edu.cn/8b/d3/c4860a35795/page.htm.

②陶行知.行知行闲谈：行知行[J].生活教育，1934(11).

③杨效春.行将一岁的南京试验乡村师范[J].中华教育界，1928(5).

我们深信师生共生活共甘苦为最好的教育。

我们深信教师应当以身作则。

我们深信教师必须学而不厌才能诲人不倦。

我们深信教师应当运用困难以发展思想及奋斗精神。

我们深信教师应当做人民的朋友。

我们深信乡村学校应当做改造乡村生活的中心。

我们深信乡村教师应当做改造乡村生活的灵魂。

我们深信乡村教师必须有农夫的身手,科学家的头脑,社会改造家的精神。

我们深信乡村教师应当用科学的方法去征服自然,美术的观念去改造社会。

我们深信乡村教师要用最少的经费办理最好的教育。

我们深信最高尚的精神是人生无价之宝,非金钱所能买得来,也就不必靠金钱而后振作,尤不可因钱少而推诿。

我们深信如果全国教师对于儿童教育都有鞠躬尽瘁死而后已的决心,必能为我们民族创造一个伟大的新生命。[①]

第一节　生活教育理论

陶行知的教育思想精髓是他创造的既适合中国国情又符合世界近现代教育潮流的生活教育理论。生活教育思想是陶行知教育思想的核心,在20世纪的中国产生了深远影响。陶行知被徐特立推崇为“教育界的鲁迅”。

1926年,陶行知以中华教育改进社的名义发表文章,大力倡导乡村教育,并筹设试验乡村师范学校。1927年,南京晓庄试验乡村师范学校(晓庄师范,晓庄学院)正式开学。它是适应我国农村特点,实施教育和农业生产劳动相结合、教育与社会生活相结

① 陶行知.我们的信条[J].新教育评论,1926(2).

合的新教育，是中国现代教育史上的一大创举。陶行知在南京晓庄试验乡村师范学校逐步系统地阐述了"生活即教育""社会即学校""教学做合一"等教育原理，初步形成了他的生活教育理论体系。"生活即教育""社会即学校""教学做合一"三大教育原理，是生活教育理论的"三大基石"。

一、生活即教育

"生活即教育"是生活教育理论的主体，是陶行知对教育本质的诠释。1922 年，陶行知在《时事新报》副刊上发表的《生活教育》中，用英文表述"生活教育"：Education of life，by life and for life。[①] 陶行知在《谈生活教育：答复一位朋友的信》中指出："从定义上说：生活教育是给生活以教育，用生活来教育，为生活向前向上的需要而教育。从生活与教育的关系上说，是生活决定教育。从效力上说：教育要通过生活才能发出力量而成为真正的教育。"[②]这是陶行知对生活教育的定义，是从教育的内容、教育的过程和教育的目标这三个层面对生活即教育的含义的概括。

生活决定教育，教育来源于生活。生活的性质和内容决定了教育的性质和内容。陶行知认为"过什么生活便是受什么教育；过好的生活，便是受好的教育；过坏的生活，便是受坏的教育；过有目的的生活，便是受有目的的教育；过糊里糊涂的生活，便是受糊里糊涂的教育；过有组织的生活，便是受有组织的教育；过有计划的生活，便是受有计划的教育；过乱七八糟的生活，便是受乱七八糟的教育"[③]。这里的"生活"是包含广泛意味的生活实践的意思的。"生活"是人类一切实践活动的总称。教育从生活中产生，

---

①陶行知. 生活教育[J]. 生活教育，1934(1).

②陶行知. 谈生活教育：答复一位朋友的信[J]. 战时教育，1940(5).

③江苏省陶行知教育思想研究会，南京晓庄师范陶行知研究室. 陶行知文集[M]. 江苏人民出版社，1981：423－424.

生活含有教育的意义。从这个意义上讲，教育内容的范畴扩大到了整个社会生活，而不是仅限于学校教育活动。

陶行知认为生活与教育是同一过程，教育不能脱离生活，生活也不能离开教育，生活就是教育。“教育的根本意义是生活之变化。生活无时不变即生活无时不含有教育的意义。因此，我们可以说：‘生活即教育。’”[①]到处是生活，即到处是教育。陶行知在《生活即教育》中阐释了生活和教育的关系：“是生活就是教育；是好生活就是好教育，是坏生活就是坏教育；是认真的生活就是认真的教育，是马虎的生活就是马虎的教育；不是生活就不是教育；所谓之教育未必是生活，就未必是教育。”[②]他进一步解释为什么“不是生活就不是教育”：“过的少爷生活，虽天天读劳动的书籍，不算是受着劳动教育；过的是迷信生活，虽天天听科学的演讲，不算是受着科学教育；过的是随地吐痰的生活，虽天天写卫生笔记，不算是受着卫生的教育；过的是开倒车的生活，虽天天谈革命的行动，不算是受着革命的教育；我们要想受什么教育，便须过什么生活。”[③]这里的“过”是参与的意思，要受什么教育，就必须参与到什么生活中。也就是说要在生活中受教育，而不是从某种书本中接受教育。教育的过程就是生活。教育要以生活为中心，从生活出发，在生活中进行教育。

教育对生活具有反作用，教育能改造生活。陶行知认为教育应当是为生活服务的，应该以促进生活的向前向上的发展为动力，为生活的需要而办教育。教育是教人化人，化人者也为人所

①华中师范学院教育科学研究所．陶行知全集（第2卷）[M]．湖南教育出版社，1985：633.

②江苏省陶行知教育思想研究会，南京晓庄师范陶行知研究室．陶行知文集[M]．江苏人民出版社，1981：243.

③江苏省陶行知教育思想研究会，南京晓庄师范陶行知研究室．陶行知文集[M]．江苏人民出版社，1981：424.

化，教育总是互相感化，所以，“我们一提及教育便含了改造的意义”①。教育的目的是以前进的生活改造落后的生活，以合理的生活改造不合理的生活，以有计划的生活改造无序的生活，即不断地通过教育实践来提高和改造生活，使民众的整个生活向着更高的水平和境界前进，使人们在不断进步的生活中受到不断进步的教育。教育含于生活之中，教育必须和生活结合才能发生作用。

每个人有“生”，便会“有生活”，有生活即有教育，所以“生活教育与生俱来，与生同去。出世便是破蒙，进棺材才算毕业”②。要真正实现“生活即教育”最重要的就在于使人们养成持续不断地学习的习惯，生活和教育共始终。从“生活即教育”的教育思想中，我们可以看到终身教育的观念。

二、社会即学校

既然生活与教育为一体，“生活即教育”表明：“到处是生活，即到处是教育；整个的社会是生活的场所，亦即教育之场所。因此，我们又可以说：‘社会即学校。’”③就是说社会本身就是学校，整个社会便是一个大学校。“社会即学校”，是生活教育的组织形式。

陶行知批判当时的传统学校是“鲍鱼罐头公司”，“学生好比是一个一个的罐头。先生好比是装罐工人。伪知识便是装在罐头里的臭鱼，没有煮熟，没有消毒，令人看了好看，吃了呕心泻肚

---

①华中师范学院教育科学研究所.陶行知全集(第2卷)[M].湖南教育出版社，1985：128.

②华中师范学院教育科学研究所.陶行知全集(第2卷)[M].湖南教育出版社，1985：634.

③华中师范学院教育科学研究所.陶行知全集(第2卷)[M].湖南教育出版社，1985：633－634.

送老命”。[①] 要改造这种读“死书本”、施行“死教育”的“死学校”，就必须“开笼放雀”，将学校与社会打成一片，这就需要彻底地拆除学校和社会之间的高墙。教育的范围应该是整个社会生活。学校“是以青天为顶，大地为底，二十八宿为围墙，人人都是先生都是学生都是同学”[②]。“宇宙为学校，自然是吾师。众生皆同学，书呆不在兹。”[③]教育应是借助学校教育这个形式，与家庭教育、社会教育结合起来的整体教育，是“活”的教育。“凡是生活的场所，都是我们教育自己的场所，那么，我们所失掉的是鸟笼，而所得的倒是伟大无比的森林了”[④]，“整个的社会活动，就是我们的教育范围”[⑤]。

陶行知认为，“老教育坐而听，不能起而行，新教育却是有行动的”[⑥]，“为要真正地教育，必须做到‘社会即是学校’这一点”[⑦]。为纠正人们普遍认为读书就是教育，教育就是读书写字的想法，克服教学做分家的弊端，陶行知认为，学校教育的狭隘性自然是不可能实现这样的目标的，只有“社会即学校”才能实现对传统学校教育的彻底改造。

在陶行知办学的时代，到学校读书的学生多是有钱人家的孩

---

①华中师范学院教育科学研究所.陶行知全集(第2卷)[M].湖南教育出版社，1985:512.

②华中师范学院教育科学研究所.陶行知全集(第2卷)[M].湖南教育出版社，1985:711－712.

③华中师范学院教育科学研究所.陶行知全集(第4卷)[M].湖南教育出版社，1985:115.

④华中师范学院教育科学研究所.陶行知全集(第3卷)[M].湖南教育出版社，1985:27.

⑤华中师范学院教育科学研究所.陶行知全集(第2卷)[M].湖南教育出版社，1985:182.

⑥华中师范学院教育科学研究所.陶行知全集(第3卷)[M].湖南教育出版社，1985:139.

⑦华中师范学院教育科学研究所.陶行知全集(第3卷)[M].湖南教育出版社，1985:623－624.

子。陶行知认为，学校只是少爷、小姐、政客、书呆子的特殊学校，既不允许生活进去，也不接受劳苦大众，学校教育只是“为读书而读书”的“小众教育”。“从大众的立场上看，社会是大众惟一的学校，生活是大众惟一的教育。大众必须正式承认他，并且运用他来增加自己的智识，增加自己的力量，增加自己的信仰。”[①]“社会即学校”把整个社会当作学校，学校教育由“小众”的教育变成“大众”的教育。

三、教学做合一

“教学做合一”是陶行知为南京晓庄试验乡村师范学校题的校训。“教学做合一”是生活教育理论的方法论，是对教学方法的阐释，它也是生活教育理论实施的方法和途径。“教学做合一”的含义是：“事怎样做就怎样学，怎样学就怎样教；教的法子要根据学的法子，学的法子要根据做的法子。”[②]陶行知认为，“然而教学两者，实在是不能分离的，实在是应当合一的”。因为，“第一，先生的责任不在教，而在教学，而在教学生学……第二，教的法子必须根据学的法子……第三，先生不但要拿他教的法子和学生学的法子联络，并须和他自己的学问联络起来”。[③] 这反映了教学的本质是“教学生学”，是让学生学会学习。从根本上来说，“教学做合一”是学校教育的方法论。学校教育要以实际生活为落脚点，突出以“做”为中心，将教法、学法与生活法融为一体。这不仅是教学方法的变革，也是整个教育观念的变革。

关于教学法，陶行知说：“我自回国以后，看见国内学校里先

---

①华中师范学院教育科学研究所. 陶行知全集(第 2 卷)[M]. 湖南教育出版社，1985：634.

②华中师范学院教育科学研究所. 陶行知全集(第 2 卷)[M]. 湖南教育出版社，1985：42.

③方明. 陶行知教育名篇[M]. 教育科学出版社，2005：1－2.

生只管教，学生只管受教的情形，就认定有改革之必要。”[①]为改革“先生只管教，学生只管受教”的教学情形，他要求教师教学在方法方面，“教的法子根据学的法子；学的法子根据做的法子。不然，便要学非所用，用非所学了”[②]。因此，要使教者所教能为学者所用，教者必须先考虑到学者如何去学，如何去做，教者自己必须先掌握这种学的法子和做的法子；然后再拿这种法子去教学生。这就是陶行知倡导的“教人者教己”。“教人者教己”的两个“教”，前一个教的对象是学生，教人者即为教师；后一个教的对象是教师自己，此时的教即学，“教己”即是“己学”。

“教学做合一”以“做”为中心。陶行知指出，教学做只是一种生活之三方面，三位一体，而不是三个不相关的方面。“教学做是一件事，不是三件事。我们要在做上教，在做上学。在做上教的是先生；在做上学的是学生。从先生对学生的关系说：做便是教；从学生对先生的关系说：做便是学。先生拿做来教，乃是真教；学生拿做来学，方是实学。不在做上用工夫，教固不成教，学也不成为学。”[③]陶行知颁布的《育才学校教育纲要草案》，提出了教师进行“教学做”过程的三种形式：“（一）以工作或问题为中心的教学做过程；（二）以事物之历史发展为中心的教学做过程；（三）各学科各系统的学习与研究的教学做过程。这三个过程，育才学校参合互用。”[④]

①华中师范学院教育科学研究所．陶行知全集（第2卷）[M]．湖南教育出版社，1985：41－42．

②华中师范学院教育科学研究所．陶行知全集（第2卷）[M]．湖南教育出版社，1985：161．

③华中师范学院教育科学研究所．陶行知全集（第2卷）[M]．湖南教育出版社，1985：42．

④华中师范学院教育科学研究所．陶行知全集（第3卷）[M]．湖南教育出版社，1985：374．

第二节 创造教育思想

陶行知被认为是当代中国最早提出创造教育理论和方法的开拓者，是不懈试验的创造教育的先驱。陶行知运用先进的教育思想，着眼于改革中国社会的实际和当时教育实践中的弊端，提出“创造的教育是以生活为教育，就是生活中才可求到教育”[①]。陶行知提出的创造教育是一种反传统的现代教育思想，它以培养学生的创造力为教育目标，在教育内容上关注教育与生产劳动相结合，在教育活动中强调充分地发挥学生手脑的作用。陶行知将创造教育思想在他创办的晓庄师范、山海工学团、育才学校和社会大学等进行实践，为中国培养了一大批优秀人才。

一、真善美的活人

陶行知生活教育思想的核心是“千教万教，教人求真；千学万学，学做真人”，“真人”教育的目标就是培养具有创造精神的“真善美的活人”。陶行知先生在《创造宣言》中说：“教育者不是造神……他们所要创造的是真善美的活人……教师的成功是创造出值得自己崇拜的人。”[②]如果教育不能创造出“真善美的活人”，则是教育的失败。

他说：“把小孩子、农人、工人都培养起来，这才是创造教育的目的。”[③]“真善美的活人”是手脑双全的人，陶行知这样表述创造教育：“手和脑在一块儿干，是创造教育的开始；手脑双全，是创造

---

①陶行知.陶行知全集(第3卷)[M].四川教育出版社，1991:533.

②陶行知.陶行知全集(第4卷)[M].四川教育出版社，2005:3.

③华中师范学院教育科学研究所.陶行知全集(第2卷)[M].湖南教育出版社，1985:618.

教育的目的。”[①]手脑双全的人是在用脑的时候，同时会用手去实验；用手的时候，同时会用脑去想的人。

创造教育的目标是要培养一种具有创造精神和创造能力的“真善美的活人”。就学生而言，要明确自己要成为手脑双全的人。陶行知用通俗易懂的语言撰写《手脑相长歌》：“人生两个宝，双手与大脑。用脑不用手，快要被打倒。用手不用脑，饭也吃不饱。手脑都会用，才算是开天辟地的大好佬。”[②]就教师而言，教师所要创造的是“真善美的活人”，他在《创造宣言》中要求教师：“教育者不是造神，不是造石像，不是造爱人。他们所要创造的是真善美的活人。真善美的活人是我们的神，是我们的石像，是我们的爱人。教师的成功是创造出值得自己崇拜的人。先生之最大的快乐，是创造出值得自己崇拜的学生。说得正确些，先生创造学生，学生也创造先生，学生先生合作而创造出值得彼此崇拜之活人”[③]。创造教育是一种以培养“真善美的活人”为目的的教育。

“真善美的活人”是“求真知”“做真人”的人，就是“做好人，做好国民”的人，就是“公德和私德，都不可欠缺”的人，就是具有“征服自然改造社会的活本领”的人，就是“全部发育”的“人中人”。陶行知要求“真人”要做“人中人”，不做人上人和人下人，因为“我们的孩子们都从老百姓中来，他们还是要回到老百姓中去，以他们所学得的东西贡献给老百姓，为老百姓造福利”[④]，我们的教育“要叫学生在征服自然改造社会上运用环境的活势力，以培植他自己的活本领”[⑤]。因此，陶行知提出大学的培养目标是：“大学

①陶行知.陶行知全集(第3卷)[M].四川教育出版社,1991:526.

②华中师范学院教育科学研究所.陶行知全集(第4卷)[M].湖南教育出版社,1985:173.

③华中师范学院教育科学研究所.陶行知全集(第3卷)[M].湖南教育出版社,1985:482.

④陶行知.陶行知全集(第4卷)[M].四川教育出版社,2005:379.

⑤陶行知.陶行知全集(第1卷)[M].四川教育出版社,2005:85.

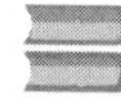

是造就学者和领袖的地方，不是剃度和尚的地方。我们要大学培养与国计民生有关系的学者领袖，不要大学培养避世的隐士、出世的僧尼、不知世事的书呆子。我们要学生认识人民，人民认识学生。我们要到民间去的学生，不要到天上去的学生。"①这就是说，不管何种类型的高等学校，都有一个共同的任务，就是要适应社会发展的需要，培养服务社会的"人格健全""知情意合一"的德智体全面发展的"多数健全之公民"，这也是高等教育的基本功能。

二、六大解放

陶行知提出："我们发现了儿童有创造力，认识了儿童有创造力，就须进一步把儿童的创造力解放出来。"②要培养学生的创造力，必须做到"六大解放"：解放头脑、解放双手、解放双眼、解放嘴、解放空间、解放时间。"六大解放"要求把学习的自主权还给学生，让学生在学习中获得充分的自由。陶行知在《民主教育》一文中对"六大解放"做了进一步的解释："解放眼睛，敲碎有色眼镜，教大家看事实。解放头脑，撕掉精神的裹头布，使大家想得通。解放双手，剪去指甲，摔掉无形的手套，使大家可以执行头脑的命令，动手向前开辟。解放嘴，使大家可以享受言论自由，摆龙门阵，谈天，谈心，谈出真理来。解放空间，把人民与小孩从文化鸟笼里解放出来，飞进大自然大社会去寻觅丰富的食粮。解放时间，把人民与小孩从劳碌中解放出来，使大家有点空闲，想想问题，谈谈国事，看看书，干点于老百姓有益的事，还要有空玩玩，才算是有点做人的味道。有了这六大解放，创造力才可以尽量发挥出来。"③

---

①陶行知.陶行知全集(第2卷)[M].四川教育出版社，2005:232.

②华中师范学院教育科学研究所.陶行知全集(第3卷)[M].湖南教育出版社，1985:524.

③华中师范学院教育科学研究所.陶行知全集(第3卷)[M].湖南教育出版社，1985:569－570.

让学生获得“六大解放”，是将学习的自主权还给了学生，让学生成为学习的主人，充分发挥了教育主体的作用。第一，解放学生的头脑，使之能想。教师对学生的教育在于启发学生的思维，发展学生的思维创造力。要除掉人们头上的“裹头布”，科学地思考问题。第二，解放学生的双手，使之能干。学生的学习过程是学生经历、体验学习行动的过程，是在做中学习的过程。要使他们通过实践获得知识，并运用这些知识指导实践，成为手脑双全的人。第三，解放学生的眼睛，使之能看。让学生学会观察、学会发现。要摘掉“有色眼镜”，让学生观察自然、观察社会，分析探究事物的本质。第四，解放学生的嘴，使之能谈。让学生善于提问，大胆发表自己的见解。第五，解放学生的空间，使之能飞。陶行知认为，传统的学校完全是只“放大的鸟笼”，要让学生在大自然、社会里去取得更丰富的学问。第六，解放学生的时间，使之能有自主学习的机会，学生才能有个性发展的可能。

除了上述“六大解放”，学生的创造力要完全发挥出来，还需要“一大条件”——教育民主。陶行知认为要使每个人的创造力得到充分发挥，就需要教育民主，如他所说的要“教育为公”“文化为公”。“只有民主才能解放最大多数人的创造力，并且使最大多数人之创造力发挥到最高峰。”[①]教育民主是实施创造教育的前提。陶行知认为，“要大量开发创造力，大量开发人矿中之创造力，只有民主才能办到，只有民主的目的，民主的方法才能完成这样的大事”[②]，“民主的程度愈高，则创造愈开放、愈好”[③]。

①华中师范学院教育科学研究所.陶行知全集(第3卷)[M].湖南教育出版社，1985:529.

②华中师范学院教育科学研究所.陶行知全集(第3卷)[M].湖南教育出版社，1985:528－529.

③陶行知.陶行知全集(第4卷)[M].四川教育出版社，1991:568.

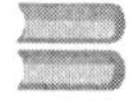

三、在劳力上劳心

陶行知认为，处处是创造之地，天天是创造之时，人人是创造之人。学生的创造潜力具有普遍性和可开发性，而且创造力可以通过教育来培养和提高，培养创造性人才是学校的主要任务。实行创造教育，不得不劳力。劳力，就是要进行生活实践，也就是我们现在所强调的培养学生的动手能力。但单纯的劳力是不行的，要在劳力的过程中用脑，即在“劳力上劳心”。无论是单纯的体力劳动，还是单纯的头脑空想，都不是真正的创造教育，只有彻底地贯彻“在劳力上劳心”的教育才是创造的教育。“在劳力上劳心”是陶行知为改革旧教育提出的，他认为要改革中国的旧教育，必须改变“劳力”与“劳心”分离的状况。陶行知强调用心以制力，将体力劳动者和脑力劳动者都培养成为在劳力上劳心的人，成为全面发展的人。

陶行知认为“行是知之始，知是行之成”[①]。用“行是知之始”来说明知识的来源，并不是对“问知”和“说知”的否认，而是“承认亲知为一切知识之根本”[②]。“做”是“教”与“学”的中心，“做”就是“在劳力上劳心”。教育应该让学生“凡事手到心到——在劳力上劳心”[③]。陶行知认为创造教育是行动的教育，由行动而发生思想，由思想产生新价值，这就是创造过程。“‘做’含有下列三种特征：(一)行动；(二)思想；(三)新价值之产生。一面行，一面想，

---

①华中师范学院教育科学研究所.陶行知全集(第2卷)[M].湖南教育出版社，1985:152.

②华中师范学院教育科学研究所.陶行知全集(第2卷)[M].湖南教育出版社，1985:153.

③华中师范学院教育科学研究所.陶行知全集(第2卷)[M].湖南教育出版社，1985:96.

必然产生新价值。”[①]这是由行动而发生思想，由思想而产生新价值的创造活动的发生过程。

“在劳力上劳心”是实施生活教育，实现创造教育目标的方法和途径。陶行知创办的合川古圣寺育才学校是实施创造教育的典范。他提出的《育才二十三常能》有初级十六常能和高级七常能。每一常能都有具体的内容、要求和做法。如初级十六常能中的会当书记（即会写小楷、写社交信、做会议记录等）、会说国语（即会话、讲解、演说等）、会参加开会（即发言、提议、做主席等）。在初级十六常能的基础上提出了更高的要求，即高级七常能。高级七常能包括会开汽车、会打字、会速记、会接电、会担任翻译、会临时演讲、会领导工作等。当学生具备了这些常能，也就具备了“做”的能力，学生在“做”的过程中实现“在劳力上劳心”，就产生新价值，有了创造新价值的可能性。陶行知提出的《育才三方针》《育才十二要》《育才学校创造年计划大纲》等都体现了创造教育的思想。他在《育才三方针》中提出的三方针是迷、悟和爱。迷即是根据学生的活动天性引导他们踏进未知之门；悟即是根据学生的智力启发他们获得更广泛的认识；爱即是根据学生倾向培养和引导他们对民族人类之爱。陶行知在《育才学校创造年计划大纲》中提出的以严格认真态度律己、以互助合作精神相待、以科学方法治事治学的三方针，充分体现了实施创造教育的具体要求。

第三节　学校管理理念

陶行知关于学校管理的论述不仅是一种教育理念，而且也是一种教育改革的方法论指导，是包括教育管理的价值观、管理目的以及教育管理实践的理论与实际完整结合的整体。陶行知关

① 华中师范学院教育科学研究所. 陶行知全集(第2卷)[M]. 湖南教育出版社，1985：289.

于学校管理的理念来自民主教育思想，他遵循五四新文化运动“民主与科学”这一主题，认为学校管理无民主不能发挥科学，非科学不能发展民主，并在晓庄师范和育才学校进行了一系列的教育管理实践活动。

一、“真教育”和“真人”

陶行知的“真教育”是针对旧中国教育普遍存在的教育脱离社会生活、脱离学生生活的现状提出的。他认为真教育要与社会生活、学生生活相联系，“真教育是在大自然与大社会里办，不能常到大自然里去还能算是生活教育吗?”①“没有生活做中心的教育是死教育。没有生活做中心的学校是死学校。没有生活做中心的书本是死书本”②。因此，真教育是贴近社会生活和学生生活的教育，是行动的教育，是在生活中进行，又为生活服务的教育。

实施“真教育”，培养“真人”是陶行知的办学目标和育人标准。培养“真人”是生活教育的目标。陶行知的生活教育思想的核心是“千教万教，教人求真；千学万学，学做真人”③。陶行知在古圣寺育才学校的实践中进一步完善了他的“真人”教育理论。古圣寺育才学校的育人目标是：培养具有农夫的身手，科学的头脑，改造社会的精神的中国人，要“引导学生们团起来做追求真理的小学生；团起来做自觉觉人的小先生；团起来做手脑双挥的小工人；团起来做反抗侵略的小战士”④。陶行知认为：“作一个整

①江苏省陶行知教育思想研究会，南京晓庄师范陶行知研究室．陶行知文集[M]．江苏人民出版社，1981:340.

②江苏省陶行知教育思想研究会，南京晓庄师范陶行知研究室．陶行知文集[M]．江苏人民出版社，1981:250.

③华中师范学院教育科学研究所．陶行知全集(第3卷)[M]．湖南教育出版社，1985:608.

④董宝良．陶行知教育论著选[M]．人民教育出版社，2011:513.

个的人，有三种要素：(一)要有健康的身体——身体好，我们可以在物质的环境里站个稳固。诸君，要作一个八十岁的青年，可以担负很重的责任，别作一个十八岁的老翁。(二)要有独立的思想——要能虚心，要思想透彻；有判断是非的能力。(三)要有独立的职业——要有独立的职业，为的是要生利。生利的人，自然可以得到社会的报酬。”[①]

“真人”是全面发展的人。培养全面发展的“真人”是陶行知生活教育的目标。陶行知提出了学生全面发展的六大目标——“康健的体魄”“农夫的身手”“科学的头脑”“艺术的兴趣”“追求真理”和“人社会化的发展”。这是身心全面和谐发展的人，这是生活教育要培养的“真人”。“真人”是真善美的统一。陶行知在《育才学校校歌》中指出，“真即善；真即美；真善美合一”。[②] 陶行知认为，“教人求真”的教师才是第一流的教育家。这样的教师应具备两种素质：“一、有真知灼见；二、肯说真话，敢驳假话，不说谎话。”[③]这样的教师才能培养“学做真人”的学生。陶行知认为善是做人的根本。育才学校“要求每一个学生个性上滋润着智慧的心，了解社会与大众的热诚，服务社会与大众自我牺牲的精神”[④]。在育才学校，陶行知鼓励师生以集体的力量，创造健康之堡垒，创造艺术之环境，创造生活之园地，创造学术之气候，创造真善美之人格。

二、民主办学和校长

陶行知作为具有丰富办学实践经验的教育家，推行民主办学根植于他对提高民族素质，实现教育救国，建立民主富强的新中

①陶行知.学做一个人[J].生活周刊，1926(19).

②陶行知.陶行知全集(第4卷)[M].四川教育出版社，2005:26.

③华中师范学院教育科学研究所.陶行知全集(第3卷)[M].湖南教育出版社，1985:605.

④董宝良.陶行知教育论著选[M].人民教育出版社，2011:506.

国的信念。他的教育民主思想不仅体现在教育要有强烈的人民性和广泛凝聚力上，还反映在学校教育管理实践中。

陶行知创办的每一所学校都坚持了民主平等办学的原则，为了实现真正意义上的民主，他提出实行民主集中制的学校管理办法，并在育才学校中得以实施。他亲自主持制定的《育才学校公约草案》规定在董事会之下分设校务会议、指导委员会、学生自治会议和校风纪委员会，明确了不同职责的学校行政组织机构，在职责领域内管理学校事务，把繁杂的学校工作细分成几部分，分权下设给不同管理者。这体现了学校决策的民主化。

陶行知主张民主办学和民主管理学校，强调过去独裁的思想已经不符合时代发展的潮流，推行民主管理是大势所趋，一个学校不应该有一个独裁校长。他认为学校的任何事都要有组织，才能把事情做好，大事有大组织，小事有小组织；大家要团体合作，互相监督；充分听取全校师生的意见，提高管理水平。这体现了学校管理的民主化。

陶行知认为："校长是一个学校的灵魂。要想评论一个学校，先要评论他的校长。"①

校长是学校的民主管理者。陶行知要求每一位校长都必须在民主生活的涌动中接触民主，在民主的浪潮中体验民主，在民主的氛围中学习民主。陶行知认为一个完整的学校需要一个完整的校长。首先，校长应该具有民主思想。具体表现为：一是民为贵的思想；二是天下为公、教育为公的思想；三是切忌独裁专断；四是忠言逆耳利于行；五是给别人进言的机会。其次，校长是具有高尚品行的人。陶行知认为校长真正的领导能力来自让人钦佩的品行。校长对教育事业要具有使命感和责任心。陶行知于 1924 年在《自勉并勉同志》中写道："人生天地间，各自有秉赋；

---

①管向群．中国校长最需要的新理念[M]．南京大学出版社，2010：6．

为一大事来，做一大事去。”①陶行知致力于通过教育改造社会这件大事并把它作为自己的终身事业。再次，校长是具有科学决策能力和管理水平的专业人员。陶行知认为，校长工作是一门功课，为了做好这门功课校长必须全力以赴，以便适应校长工作的复杂性和专业性。陶行知十分注重对校长知识能力的培训，他认为校长不经过专门的培训是很难胜任的，劝导校长和其他行政管理人员重视专业能力和知识的培训。最后，校长应具有独立的学校观。陶行知在1926年发表的《我之学校观》中提出了他的学校观：学校以生活为中心；学校是师生共同生活的处所；康健是生活的出发点，亦就是学校教育的出发点；生活之发荣滋长须有吸收滋养料的容量，学校教职员必须虚心，学而不厌；学校生活是社会生活的起点，只是社会生活的一部分。②

三、教师责任和教师管理

陶行知堪称“师者之师”，“捧着一颗心来，不带半根草去”是陶行知崇高师德的真实写照，也是对所有教师的垂范和要求。他在学校管理理念中十分重视教师的作用，认为要依靠教师，和衷共济，要有好的学校，必须先有好的教师。他认为，教师得人，则学校活，学校活，则社会活。教师是社会改造的主导者，肩负培养人的责任，也就肩负为国家和民族培养后继者的责任。

陶行知认为，教师应该要有“两心”，即信仰心和责任心；教师要“认定教育是大有可为的事，而且不是一时的，是永久有益于世的”③。“大家愿把整个的心捧出来献给小孩子才能实现真正的

① 华中师范学院教育科学研究所．陶行知全集(第4卷)[M]．湖南教育出版社，1985：27.

② 董宝良．陶行知教育论著选[M]．人民教育出版社，2011：169－170.

③ 董宝良．陶行知教育论著选[M]．人民教育出版社，2011：52.

改造”①。教师应该有“三精神”，即共和精神、开辟精神和实验的精神。

陶行知非常重视教师工作，为了充分发挥教师的作用，他对教师提出了管理要求。第一，教师要以身作则。陶行知认为，为了使教者所教能为学者所用，教者必须先考虑到学者如何去学、如何去做。教者自己必须先掌握这种学的法子和做的法子，然后再拿这种法子去教学生，教师应该先“教己”后“教人”，先“己明”后“明人”。陶行知要求，要学生做的事，教职员躬亲共做；要学生学的知识，教职员躬亲共学；要学生守的规矩，教职员躬亲共守。第二，教师要与学生共教、共学、共做、共生活。在晓庄师范时期，陶行知要求教师要指导学生教学做，要与学生共教、共学、共做、共生活。他认为，在不实行共同生活的学校里，教师是教师，学生是学生。教师不与学生共同生活，就不知道学生中存在的问题，就不知道如何帮助他们。在育才学校时期，陶行知要求教师要与学生在集体生活上共同学习，不仅是学生受先生的教育，先生也在受学生的教育。教师必须虚心、宽容、与学生共甘苦、跟民众学习、跟小孩学习，肃清形式、教条、先生架子。第三，教师要改革教学方法，实行“教学做合一”。要废除教学分离的旧习，在教学方法上要求怎样做就该怎样学，“对于一个问题，不是要先生拿现成的解决方法来传授学生，乃是要把这个解决方法如何找来的手续程序，安排停当，指导他，使他以最短的时间，经过相类的经验，发生相类的理想，自己将这个方法找出来，并且能够利用这种经验理想来找别的方法，解决别的问题”②。陶行知一直倡导教师要改革教学方法，1946 年他在《小学教师与民主运动》一文中又强调，教育方法要采取自动的方法，启发的方法，手脑并用的方法，教学做合一的方法，并且要使学生注重全面教育以克服片面教

---

①董宝良．陶行知教育论著选[M]．人民教育出版社，2011：228.

②陶行知．陶行知全集(第 1 卷)[M]．四川教育出版社，1991：22.

育;注重养成终身好学之习惯以克服短命教育。[①]

陶行知鼓励教师大胆创新,他说一流的教育家“敢探未发明的新理,即是创造精神;敢入未开化的边疆,即是开辟精神。创造时,目光要深;开辟时,目光要远。总体来说,创造、开辟都要有胆量。在教育界,有胆量创造的人,即是创造的教育家;有胆量开辟的人,即是开辟的教育家,都是第一流的人物”[②]。新时代的教师必须敢探索未发明的新理,敢入未开化的边疆。

四、学生管理和学生自治

学生自我管理是陶行知学校管理理念的一个特色。陶行知在所创办的晓庄师范和育才学校,一直坚持学生管理和学生自治并举的学生管理观。

在育才学校时期,陶行知制定了学生管理制度,如《育才十二要》《育才学校之礼节与公约》《育才卫生教育二十九事》等。在《育才十二要》中规定,学生“一、要诚实无欺。二、要谦和有礼。三、要自觉纪律。四、要手脑并用。五、要整洁卫生。六、要正确敏捷。七、要力求进步。八、要负责做事。九、要自助助人。十、要勇于为公。十一、要坚韧沉着。十二、要有始有终”[③]。陶行知认为,规章制度不会扼杀学生的个性,反而会逐步培养学生的“自动力”,即自觉行动的能力。

陶行知提倡“学生自治”,要求全校的学生都必须参与;学会严格要求自己,养成自我管理的习惯;在学校中培养锻炼自治能力。学生自治的要求是:“一、学生自治应以学生应该负责的事体为限,学生愿意负责,又能够负责的事体,均可列入自治范围;那不应该由学生负责的事体,就不应该列入自治范围……二、事体

---

①董宝良.陶行知教育论著选[M].人民教育出版社,2011:613.

②董宝良.陶行知教育论著选[M].人民教育出版社,1991:48.

③陶行知.陶行知全集(第4卷)[M].四川教育出版社,2005:15.

之愈要观察周到的，愈宜学生共同负责，愈宜学生共同自治。三、事体参与的人愈宜普及的，愈宜学生共同负责，愈宜学生共同自治。四、依据上列三种标准而订学生自治的范围时，还须参考学生的年龄程度经验。”①

学生自治能够让学生自修自德，学生学习自治的过程是学会参与学校管理的过程。陶行知认为，学生自治是学生团结成一体，并且学习自己管理自己的手续；对于学校管理而言，则是给学生提供机会，让学生自行组织起来，具有自己管理自己的一种能力。学生实行自治是一项有益于学校管理的举措。在管理学生时，若是单靠教师进行严格管理，学生就会缺乏自控力，依赖别人的监管。在育才学校，陶行知又提出了集体生活的要求。陶行知认为集体生活是生活教育的基础，集体生活有助于学生走向社会生活。在集体生活中，学生可以学会与人相处，增强集体荣誉感。

第四节　陶行知教育思想的启示

陶行知一生致力于改革中国旧式教育，为中国教育寻求出路，使教育成为改造社会、促进社会进步的重要力量。陶行知一直是应中国现实之迫切需要而办学，无论是早期的晓庄师范、山海工学团，还是后来的育才学校、社会大学，都体现了陶行知的办学宗旨，即教育必须以实际生活为出发点，必须以实际生活为中心，必须以实际生活为归宿。陶行知丰富的教育理论和实践，在我国近现代教育史上有着重要的地位，是值得我们珍视和继承的宝贵遗产。他的教育思想不仅对于改革中国旧式教育产生深刻的影响，对于我们现在的教育改革和发展仍具有重要的启迪意义。

---

①中央教育科学研究所．陶行知教育文选[M]．教育科学出版社，1981：14.

一、培养全面发展的学生

陶行知办学的目标是要培养全面发展的人。陶行知认为:在学校里并非一面教人,一面受教,就算了事。要使学生的精神意志和能力,渐渐发育成长。[①] 学生的全面发展是指在德智体美劳等方面的发展。陶行知认为,学生的道德至关重要,道德是做人的根本,根本一坏,纵然你有一些学问和本领,也无甚用处[②]。在智育上,学生应追求真理;在体育上,学生要有健康的体魄才能谈其他方面的发展;在美育上,艺术的培养和熏陶是学生身心全面发展的重要方面;在劳动上,陶行知不仅要求学生向劳动人民学习、参加各种劳动实践,还要求学生通过"在劳力上劳心"获得学习上的进步。

(一)坚持德育为先

陶行知在办学实践中实施的实践教育、体验教育和集体教育是实施德育的三大方法。陶行知从生活教育理论出发,主张通过生活实践来培养学生良好的品德。在《育才学校教育纲要草案》中,陶行知明确提出:育才学校的生活与教育是统一的,它认定劳动生活即是劳动教育,用劳动生活来教育,给劳动生活以教育……政治生活即是政治教育,用政治生活来教育。[③] 陶行知认为,德育,重在自治,其目的是让学生在自治体验中进行自我教育,实现自我更新。工学团是陶行知进行集体教育的重要形式,他在《攻破普及教育之难关》中解释:"工是工作,学是科学,团是

① 方明.陶行知教育名篇[M].教育科学出版社,2005:8.

② 方明.陶行知教育名篇[M].教育科学出版社,2005:291.

③ 华中师范学院教育科学研究所.陶行知全集(第3卷)[M].湖南教育出版社,1985:370.

团体。说得清楚些是：工以养生，学以明生，团以保生。”[①]工学团可以说是一种全新的德育方式。工学团是“工场、学校、社会”，学生在其中感受到了“生产的意义，长进的意义，平等互助、自卫卫人的意义”。[②]

(二)培养学生的创造力

陶行知的创造教育是针对传统教育的弊端而提出的。他在1943年发表的《创造宣言》中指出，创造的教育加创造的学校，必须要有创造的教师、创造的学生、创造的教学做。

首先，教师要树立创造教育理念。改革妨碍学生创造精神和创造能力发展的教育观念、教育模式、教育方法，彻底改变传统的以教师为中心、以课堂为中心、以教材为中心的教育模式，提倡以学生为中心，使教育教学过程成为启发学生思考、鼓励学生质疑、引导学生创造的过程。其次，营造良好的创造教育环境，将培养学生的创造力作为教育任务。学校环境包括学校的办学思想、学校管理、课堂教学等多种因素，尤其是校长的办学思想对学校创造环境的营造起着重要的作用。再次，明确学生的主体地位。陶行知提出学生“六大解放”，强调学生创造能力的提高是通过自己的探索和体验得来的。为了突出学生的主体地位，我们应该给予学生实践的条件、给予学生思考的时间、给予学生练习的机会、给予学生表达的权利、给予学生适当的宽容、给予学生创造的激励。最后，要进行教学改革，实行“教学做合一”。教学要以学生学为中心，要让学生充分经历学习过程。陶行知1946年5月在《生活教育的创立与成长》一文中说：“中国的教育太重书本，和生活没有联系。教育不通过生活是没有用的，需要生活的教育，用生活

---

①华中师范学院教育科学研究所.陶行知全集(第2卷)[M].湖南教育出版社，1985：792.

②华中师范学院教育科学研究所.陶行知全集(第2卷)[M].湖南教育出版社，1985：792－793.

来教育，为生活而教育。为生活需要而办教育，教育与生活是分不开的。”①

（三）重视学生的主体性

要培养全面发展的人，必须重视学生的主体性。陶行知强调，教师要了解学生的才能兴趣，然后再把自己的教法和学生的学法联系起来。陶行知反对“唯师独尊”，极力主张师生应处于平等的地位，他说：“从广义的教育观点看，先生与学生并没有严格的分别。”②陶行知认为要因材施教，“人不同，则教的东西、教的方法、教的分量、教的次序都跟着不同了”③。教师要做到“教人者教己”，因为教师自己学好的终极目的是教授好学生，好的教师要先设身处地，把新知识融会贯通、研究透彻了，才能传授给学生，只有真正明白教材，并且掌握教学方法，才能实现传道授业的理想效果。教师要为教而学，要把学生作为教学的中心，一切从学生出发，一切为了学生。育才学校是“教人者教己”这一教育方法的成功实践者。

二、构建和谐共生的校园文化

作为校园文化建设的先行者，陶行知的办学实践从物质文化、精神文化、制度文化及行为文化方面给新时期学校，尤其是旨在把陶行知文化作为特色文化建设的重庆人文科技学院的校园文化建设带来了深刻的启示。

陶行知在《我之学校观》中指出：“学校的势力不小。他能教

---

①陶行知．陶行知全集（第4卷）[M]．四川教育出版社，2005：530.

②华中师范学院教育科学研究所．陶行知全集（第2卷）[M]．湖南教育出版社，1985：42.

③华中师范学院教育科学研究所．陶行知全集（第1卷）[M]．湖南教育出版社，1984：638.

坏的变好,也能教好的变坏。"[①]学校生活对学生的影响不可谓不大,陶行知反对孤立地营造校园文化,强调"学校不是道士观、和尚庙,必须与社会生活息息相通"[②];但同时要从具体的环境改造入手,"学校生活是社会生活的起点。远处着眼,近处着手,改造社会环境要从改造学校环境做起……师生不能共同改造学校环境而侈谈社会改造,未免自欺欺人"[③]。在创办南京安徽公学时,陶行知也谈道:"我们对于四周的环境,最忌是苟安,同流合污,听天由命,不了了之。"[④]他提出办学目标之一是"应当秉着美术的精神,去运用科学发明的结果来支配环境,使它们出现和谐的气象"[⑤]。

不难看出,陶行知非常注重校园环境建设,而且指明了建设的实质是造就和谐之气象、创造"人园"。换句话说,校园文化建设不仅要改造环境,更要营造特定的人文环境与文化氛围,精神文化建设应该是学校文化建设的核心。

在创办晓庄师范时,陶行知把校址选在了南京郊区风景秀丽的栖霞岭下,并把老山改成劳山,把小庄村改成晓庄,意味深长。"有钱而无精神和无钱而有精神的学校,我都见识过。精神是不靠钱买的。"[⑥]在风雨如晦的年代,虽然晓庄师范、育才学校、山海工学团创办时间不长,资金匮乏,但都成为当时的名校,受到教育家克伯屈、杜威的推崇,许多学生成为各自领域的专家,而校园也实实在在成为当时学生的精神家园。虽然,陶行知没有直接提出建设校园文化这一概念,但陶行知在创办每一所学校时,都很注意培育学校的精神气象,都要编写校歌、制作校旗、制定校训、创办校刊、宣扬办学思想,并以此来影响学生、感召学生。同时,他

---

①方明.陶行知教育名篇[M].教育科学出版社,2005:70—71.

②方明.陶行知教育名篇[M].教育科学出版社,2005:70—71.

③方明.陶行知教育名篇[M].教育科学出版社,2005:70—71.

④方明.陶行知教育名篇[M].教育科学出版社,2005:364.

⑤方明.陶行知教育名篇[M].教育科学出版社,2005:364.

⑥方明.陶行知教育名篇[M].教育科学出版社,2005:72.

还注重制度文化的建设，制定校规，如《育才十字诀》《育才三方针》《育才十二要》《育才卫生教育二十九事》《育才学校之礼节与公约》。最重要的是：教职员和学生共甘苦，共生活，共造校风，共守校规。[①] 良好的校园文化，需要师生同甘共苦，共同努力来营造，学生们受到熏陶、感染，才能养成良好的行为习惯。

三、建设献身教育事业的教师队伍

陶行知十分重视教师队伍的建设，他认为，教师无论在培养人方面，还是在改造社会方面，均有非常重要的职能。他认为教师职能不仅在于培养学生，而且要运用教育，通过培养出来的各种人才改造社会，建设国家。他在《中华教育改进社改造全国乡村教育宣言书》中说："本社的乡村教育政策是要乡村学校做改造乡村生活的中心，乡村教师做改造乡村生活的灵魂。"[②]在《地方教育与乡村改造》中，他进一步提出："教育就是社会改造，教师就是社会改造的领导者""必须出代价去培养教师，去培养教师的教师。……教师得人，则学校活，学校活，则社会活"。[③] 他进一步指出，要有好的学校，先要有好的教师。

（一）高度重视教师修养

陶行知特别强调教师要不断提高自身的基本素质。陶行知认为，没有对学生发自内心的爱，没有对学生的奉献之心、理解之心、平等之心、责任之心，就谈不上什么"真教育"。他希望教师要树立"捧着一颗心来，不带半根草去"的信念。他说，教师首先要敬业，要把教育事业看成一件大事来抓。"人生天地间，各自有秉

---

①华中师范学院教育科学研究所．陶行知全集（第5卷）[M]．湖南教育出版社，1985：104－105.

②陶行知．陶行知全集（第1卷）[M]．四川教育出版社，2005：83.

③华中师范学院教育科学研究所．陶行知全集（第2卷）[M]．湖南教育出版社，1985：128－130.

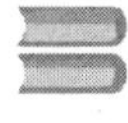

赋：为一大事来，做一大事去。”[①]“我们做教师的人，必须天天学习，天天进行再教育，才能有教学之乐而无教学之苦。”[②]“教师不能只做传授书本知识的教书匠，而要成为塑造学生品格、品行、品味的‘大先生’。”[③]教师要乐业。陶行知认为：“教育者所得的机会，纯系服务的机会、贡献的机会，而无丝毫名利尊荣之可言。”[④]

教师要坚定信念。要认定教育是大事业，决心献身教育事业，绝不动摇，鞠躬尽瘁，死而后已。陶行知认为爱是一种巨大的力量，教育是从爱里产生出来的，“真教育是心心相印的活动。唯独从心里发出来的，才能打到心的深处”[⑤]。他希望教师“为了苦孩，甘为骆驼。于人有益，牛马也做”[⑥]。对待学生要一视同仁，要严格要求学生，要保护学生的创造思想。他认为：“教员的天职是变化，自化化人。”[⑦]他要求教师能自律，要明了各人一举一动，一言一行，都要修养到不愧为人师的地步。[⑧]

陶行知认为，教育者的责任就是“不辜负机会；利用机会；能用千里镜去找机会；会拿灵敏的手去抓机会”[⑨]。教师要通过学问上的熏染和督促的力量，为学生创设激发兴趣、开启智慧的主动探索之旅。教师要具备“孩子的心灵”，这样才能走进孩子的天

---

①华中师范学院教育科学研究所.陶行知全集(第4卷)[M].湖南教育出版社，1985:27.

②华中师范学院教育科学研究所.陶行知全集(第3卷)[M].湖南教育出版社，1985:605.

③习近平.习近平首次点评“95后”大学生[N].人民日报，2017－01－03.

④陶行知.陶行知全集(第1卷)[M].四川教育出版社，2005:306.

⑤陶行知.陶行知全集(第2卷)[M].四川教育出版社，2005:363.

⑥华中师范学院教育科学研究所.陶行知全集(第4卷)[M].湖南教育出版社，1985:616.

⑦江苏省陶行知教育思想研究会，南京晓庄师范陶行知研究室.陶行知文集[M].江苏人民出版社，1981:217.

⑧陶行知.陶行知全集(第2卷)[M].四川教育出版社，2005:224.

⑨方明.陶行知教育名篇[M].教育科学出版社，2005:30.

地，发现他们潜在的创造力。教师若不肯向学生虚心请教，便不会知道他所处的环境、能力、需要，那么教师就不能教导他。教育要以学生为中心，教育者应以学生之乐而乐，以学生之忧而忧。

（二）加强师德师风建设

一是要学习陶行知先生"不计名利"，献身于教育事业的崇高理想和坚定不移的信念。陶行知先生一贯主张：要学生做的事，教职员躬亲共做；要学生学的知识，教职员躬亲共学；要学生守的规矩，教职员躬亲共守[①]。陶行知先生的师德论述，其核心就体现在对教师职业的热爱上，愿为教育事业鞠躬尽瘁，死而后已。

二是要像陶行知先生一样热爱学生、一视同仁、爱护学生创造力，并致力于将他们培养成人才。陶行知先生提出：教师的职务是"千教万教，教人求真"，学生的职务是"千学万学，学做真人"。[②] 他还提出：真理是太阳，歪曲的理论是黑云，教师要吹一口气把这些黑云吹掉，那真理的太阳就自然而然地给人看见了。[③] 同时倡导"教学做合一"，只有在"做中教""做中学"，才能从实践中得出"真知"，才能实现处处是创造之地，天天是创造之时，人人是创造之人的开拓进取局面[④]。

三是要像陶行知先生那样千教万教，教人求真，追求真理，培养真人。在《教育者之机会与责任》一文中，陶行知先生是这样阐述的："教育者应当知道教育是无名无利且没有尊荣的事。教育者所得的机会，纯系服务的机会、贡献的机会，而无丝毫名利尊荣之可言。"[⑤]教人求真，培养真人，是教育的永恒目标，我们今天的社会也不能例外。

---

①董宝良．陶行知教育论著选[M]．人民教育出版社，2011：150.

②华中师范学院教育科学研究所．陶行知全集（第3卷）[M]．湖南教育出版社，1985：608.

③董宝良．陶行知教育论著选[M]．人民教育出版社，2011：460.

④董宝良．陶行知教育论著选[M]．人民教育出版社，2011：562.

⑤陶行知．陶行知全集（第1卷）[M]．四川教育出版社，2005：306.

（三）提高教师的业务素质

陶行知先生曾提出："生活教育与生俱来，与生同去。出世便是破蒙，进棺材才算毕业。"①作为教师，应活到老，学到老，进步到老。"要想做教师的人把岗位站得长久，必须使他们有机会一面教、一面学，教到老、学到老。当然，一位进步的教师，一定是越教越要学，越学越快乐"②；要手脑同盟，"教育者获得了头脑和手脚的同盟，始能成为一个有创造能力的学者"③；要有试验精神，"我们在教育界任事的人，如果想自立，想进步，就须胆量放大，将试验精神，向那未发明的新理贯射过去；不怕辛苦，不怕疲倦，不怕障碍，不怕失败，一心要把那教育的奥妙新理，一个个的发现出来"④；要经验、学术、教法三者皆备，"经验、学术、教法三者皆为职业教师所必具之要事，然三者之中，经验尤为根本焉"⑤。陶行知非常看重"双师型"教师的培养，他认为，"职业教师既以生利经验为根本之资格，则养成职业师资自当一取材于职业界之杰出者。彼自职业中来，既富有经验，又安于其事，再加以学术教法，当可蔚为良材"⑥。

教师必须学而不厌，才能诲人不倦。陶行知先生认为，教师"要学习的东西很多，应该按着自己的兴趣，才能和工作岗位的需要继续不断的学习，活到老，学到老"⑦。他强调，任何教师必须

①华中师范学院教育科学研究所．陶行知全集（第2卷）[M]．湖南教育出版社，1985：634.

②陶行知．陶行知全集（第4卷）[M]．四川教育出版社，2005：545.

③华中师范学院教育科学研究所．陶行知全集（第3卷）[M]．湖南教育出版社，1985：623.

④陶行知．陶行知全集（第1卷）[M]．四川教育出版社，2005：21.

⑤董宝良．陶行知教育论著选[M]．人民教育出版社，2011：27.

⑥董宝良．陶行知教育论著选[M]．人民教育出版社，2011：27.

⑦江苏省陶行知教育思想研究会，南京晓庄师范陶行知研究室．陶行知文集[M]．江苏人民出版社，1981：817－818.

擅长一门自然科学,没有经过科学训练的,不配做现代的教师。他说:“做学问最忌的是玄想,武断,尽信书,以差不多自足,以一家言自封。”①他认为,教师要有勇于探索和开拓的精神,要有坚持真理的勇气,不说谎话,不欺骗学生。他说:“第一流的教授具有两种要素:一、有真知灼见;二、肯说真话,敢驳假话,不说谎话。我们必须拿着这两个尺度来衡量我们的先生。合于此者是吾师,立志求之,终身敬之。”②他认为,好的先生不是教书,不是教学生,乃是教学生学。

大学教师必须具有丰富的专业知识和业务经验、严谨的治学精神以及创新的教学风格,“德才兼备”,才能使学生信赖。高校青年教师绝大部分为非师范类专业高校毕业生,其虽然有着扎实的专业功底,但在从教之初,其教学方法和育人技巧等教师基本素质还有待进一步提高。就教师自身来讲:一是要精于业务,掌握广博的文化科学知识;二是要勇于创新,敢探新理;三是要掌握现代教育科学知识和教学方法。就学院来讲,要按照党中央、国务院有关教师队伍建设的要求不断推进教师队伍建设,提高教师队伍的科学化水平。要践行陶行知关于教师队伍建设的论述,将陶行知教育思想融入到学校各方面工作之中。在教师队伍建设中,要着力打造一支传承和弘扬陶行知先生教育思想,坚持以学生为中心的育人理念,具有“知行合一”特色的教师队伍。在具体实践中,始终关注新进教师的理想信念、道德素养、业务能力,并不断创造条件提升教师的“知行合一”品质,充分发挥教师的主动性、积极性和创造性。

① 陶行知. 陶行知全集(第 1 卷)[M]. 四川教育出版社,2005:37.

② 华中师范学院教育科学研究所. 陶行知全集第 3 卷[M]. 湖南教育出版社,1985:605.

四、构建手脑并用的人才培养体系

陶行知有着丰富的大学任教和办学实践经历，他于1917—1923年曾在南京高等师范学校任教，1927年创办南京晓庄试验乡村师范学校，1945年在重庆创办社会大学。他提出的以生活教育为核心的大学人才培养理念，对于大学的人才培养具有重要的指导意义。

（一）“社会即学校”的专业建设

陶行知在《教育的新生》中批判传统的学校教育时说：“为教育而办教育，在组织方面便是为学校而办学校，学校与社会中间是造了一道高墙。”[①]于是他提出“社会即学校”的观点，主张拆掉学校与社会之间的高墙，将学校与整个乡村、整个城市、整个世界相连。这样，社会上的一切人力、物力、财力等资源都可以为学校所用，教育的资源、工具、方法都会丰富起来，教育的环境也会无限扩展，从而大力提升教育的效果。所以他说：“不运用社会的力量，便是无能的教育；不了解社会的需求，便是盲目的教育。倘使我们认定社会就是一个伟大无比的学校，就会自然而然去运用社会的力量，以应济社会的需求。”[②]他强调，教育要与农业携手，与银行、科学机关、卫生机关、道路工程机关等各行各业联系起来，要叫荒山成林，叫瘠地长五谷[③]。

陶行知在谈到智育的途径时明确提出，要以社会现实需要为标准来设置学校的分科，即“有关于职业之生活，即有关于职业之教育；有关于消闲之生活，即有关于消闲之教育，有关于社交之生活，具有关于社交之教育；有关于天然界之生活，即有关于天然界

---

①方明．陶行知教育名篇[M]．教育科学出版社，2005：222．

②方明．陶行知教育名篇[M]．教育科学出版社，2005：223．

③陶行知．陶行知全集（第1卷）[M]．四川教育出版社，2005：85．

之教育”[1]。而专业建设应该以“生利为主义”，“调查毕业生之出路，为职业教育设施之最要根据”[2]，应当有生利的经验、生利的学识、生利的教学方法的教师，有“手脑并用”“教学做合一”的教学方法，有“毕百课则百利”的课程设置，有“生利之设备”，最终教给学生一种技能，使他可以贡献社会。所以，陶行知创办晓庄师范时，不仅在校内设有农艺馆、工场、畜牧场、合作社等，还与中华职业教育社合办“晓庄茶园和木匠店”；他把“工学团”作为一种教育的方法，“将工场、学校、社会打成一片，产生一个富有生活力的新细胞”[3]，使教育跳出狭小的教育圈子和学校圈子，真正使“教育与生活结合”“学校与社会结合”；他在社会大学按学生特点和兴趣设政治经济系、文学系、新闻系、教育系，按学习兴趣成立研究小组，并根据系科组织实习，锻炼学生“生利”之本领，如文学系学生到“新中国剧社”实习，教育系学生到行知小学实习，新闻系学生到《新华日报》社实习，达到教育的目标。

（二）“全部生活”的课程设置

课程设置是学校培养合格人才的首要保证，是由教育目标决定的。陶行知认为课程设置应以社会生活的需要为目标。在乡村师范教育的课程设置上，他强调：我们没有课外的生活，也没有生活外的课[4]。在大学课程的开设上，陶行知主张“死”与“活”相结合。“死”课程指的是基础必修课，如南京高等师范学校教育科所开设的科学常识、科学发展史、普通心理学、教育心理学、儿童心理学、实验心理学、心理学史、教育统计学、测验之编制与运用、哲学史、中国文化史、教育思潮等。“活”课程指的是符合社会需要和新科学的课程。比如，当时社会上急需速记、打字人才，于是

---

①陶行知．陶行知全集（第1卷）[M]．四川教育出版社，2005:10.

②陶行知．陶行知全集（第1卷）[M]．四川教育出版社，2005:224.

③陶行知．陶行知全集（第3卷）[M]．四川教育出版社，2005:102.

④陶行知．陶行知全集（第1卷）[M]．四川教育出版社，2005:89.

陶行知在1919年12月17日就提出《添设速记打字讲习科案》，要求学校应社会之需求，造就此项人才。在后来的社会大学中，课程分为三类：一是每系的公共必修课，包括中国通史、中国近百年史、中国政治问题；二是各系专业课，如政治系开设经济学、哲学、宪法、现代政治问题、中国学术思想史等；文学系开设语言学、中国文学史、文艺思潮、创作方法、作品选读、诗与习作、苏联文学、民间戏剧等；新闻系开设新闻学概论、时事分析、社论研究、报馆管理、美国新闻事业、苏联新闻事业等；教育系开设民主教育、生活教育、幼儿教育、教学法、普通心理学等；三是专题讲座，又分为系讲座和校讲座两种。前两种是"死"的必修课，后一种是根据当时国际国内重大问题而举办的"活"的课程。课程设置"要从社会和个性两方面讲。从社会这面讲来，要问这课程是否合乎世界潮流，是否合乎共和精神。学了这课程之后，能否在中国的浙江，或是浙江的杭州，做一个有力的国民。更从个性的一面讲来，谁的事教谁，小孩子的事教小孩子，农人的事去教农人，方才能够适合"[①]。这些都体现了高等学校课程设置灵活机动的特点。

（三）教学合一的教学方法

1.教授法到教学法的改革

1917年秋，26岁的陶行知满怀着要使全中国人都受到教育的宏愿学成返国，在担任南京高等师范学校教育学专任教员时，便洞察到传统教育的症结。他看到南京高师和其他学校一样，在教学方法上一直沿袭只注重教师教而忽视学生学的灌输式教授法。他认为教授法的称法直接误导了人们对现代教学本质和内涵的理解，使人们错误地认为学校的教育就是"先生只管教，学生只管受教"[②]，"好像先生是专门教学生些书本知识的人"[③]，必须

---

①陶行知.陶行知全集(第1卷)[M].四川教育出版社，2005：271.

②陶行知.陶行知全集(第1卷)[M].四川教育出版社，2005：18－19.

③陶行知.陶行知全集(第1卷)[M].四川教育出版社，2005：18－19.

改革这种教学分离的陈腐的教学方法。为此，他专门撰写了文章《教学合一》，主张将教学统一起来："第一，先生的责任不在教，而在教学，而在教学生学。……第二，教的法子必须根据于学的法子。……第三，先生不但要拿他教的法子和学生学的法子联络，并须和他自己的学问联络起来。"[①]教学的核心就在于"教学生学"。1919 年，他担任南京高师教务主任时，在校长郭秉文的支持下，在全校范围内推行教学法。"教授法"改"教学法"，虽仅一字之差，但却引起了一场教育思想和教学方法的深刻革命。将教授法改为教学法，即抛弃传统的以教师为中心、以知识传递为主要目标的教学方式，注重发挥学生的主动性和能动性，这是我国学校教学改革历程中具有里程碑意义的一件大事。

2.明知识之本源的学法改革

陶行知不仅推动教法改革，还注重学生学习方法的改革。他针对我国教育现状，提出"六大解放"，提出先生的责任是"教学生学"，教学生方法。学生只有掌握了解决问题的方法，探知识的本源，求知识的归宿，才能学有所得、学有所乐。1918 年 9 月，陶行知在《智育大纲》中说："深望诸生能思想以探知识之本源，能应用以求知识之归宿。盖明知识之本源，然后乃能取之无尽；明知识之归宿，然后乃能用之无穷。若徒以灌输知识为务，而不求所以得其源流，则枯寂之弊所不能免，又安能尽物之性哉？故本校智育以养成思想及应用能力为标准。标准既立，方法乃生。"[②]明知识之本源与归宿，是治学的基本功底。大学教育应该培植学生从源头上去求知识的能力，只有这样教学生，学生的知识才永远不会枯竭，才能把学问做活。

"行是知之始""教学做合一"，明知识之本源的重要手段就是实验。他说："盖徒事思想而无试验，则蹈于空虚；徒知应用而无

① 陶行知.陶行知全集(第 1 卷)[M].四川教育出版社，2005：18－19.

② 陶行知.陶行知全集(第 1 卷)[M].四川教育出版社，2005：233.

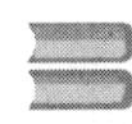

试验,则封于故步,皆不足以尽智育之能事也。”[①]只有经多次试验,“更校其异同,审其消长,观其动静,察其变化,然后因果可明,而理可穷也。故试验者,发明之利器也”[②]。所以他在育才学校提出“手脑联盟”,让学生从把戏中玩出科学来,让行动成为学科学的根本法门,让学生手脑并用,在劳力上劳心,在“六大解放”的基础上走上创造之路。

(四)做为中心的能力培养方式

陶行知认为,20 世纪的中国没有书呆子的位置,需要的是具有健康的体魄、科学的头脑、农夫的身手、艺术的兴趣、改造社会的精神的新世界创造者。具有这些能力的关键就是在“做”字上下功夫,“做”也是陶行知“教学做合一”思想的核心。他认为真正的做是在劳力上劳心。“做是发明,是创造,是实验,是建设,是生产,是破坏,是奋斗,是探寻出路。”[③]“先生拿做来教,乃是真教;学生拿做来学,方是实学。不在做上用工夫,教固不成为教,学也不成为学。”[④]“有行动的勇敢,才有真知识的收获。”[⑤]“‘行动’是中国教育的开始,‘创造’是中国教育的完成。”[⑥]

为此,他在各种教育实践中都特别注重“做为中心”的能力培养方式。他在南京高师时,便引导各系科学生走出课堂,在南京城郊参观实习,进行教育调查研究。他指导学生回家乡调查教育现状,并加以分析研究,提出改进办法。他支持学校戏剧研究会在校内演出新话剧,如《孔雀东南飞》等剧目。他在晓庄师范除了开设五项围绕教学做展开的课程以外,还要求师范生轮流到中心学校任教,在这个过程中可以巩固学生的专业知识,提高教学技

---

①陶行知.陶行知全集(第 1 卷)[M].四川教育出版社,2005:233.

②陶行知.陶行知全集(第 1 卷)[M].四川教育出版社,2005:234.

③陶行知.陶行知全集(第 2 卷)[M].四川教育出版社,2005:529.

④陶行知.陶行知全集(第 1 卷)[M].四川教育出版社,2005:106.

⑤陶行知.陶行知全集(第 1 卷)[M].四川教育出版社,2005:447.

⑥陶行知.陶行知全集(第 3 卷)[M].四川教育出版社,2005:451.

能，以实现“师范毕业生得了中心学校的有效方法和因地制宜的本领，就能到别的环境里去办一个学校”[①]的目的。在育才学校，陶行知教导学生向农人学种田，向农妇学养蚕，由木匠师傅教做桌凳，裁缝师傅教做衣服，让师徒双方做到共教、共学、共做。在社会大学时，他进一步提倡学生以自学为主、教授为辅，强调主动、实践、集体，各系按这一思想，组成学生学习小组，实行学生互助，开展课堂讨论，进行专题研究，如成立时事研究组、音乐研究组、戏剧研究组、采编研究组等，文学系的学生还成立了“新芽文学社”。在社会实习期间，新闻系学生到《新华日报》社实习，文学系学生到“新中国剧社”实习。走出课堂，让学生了解和认识社会，使课堂教学与社会实际相结合，让学生通过真的去干得到真本领。

---

①陶行知. 陶行知全集(第 1 卷)[M]. 四川教育出版社，2005:79.

第二章　陶行知教育思想融入办学理念

理念是一个精神、意识层面上的综合性的哲学概念,是主观(认知、观念)见之于客观(规律、存在)的科学反映,是"人们经过长期的理性思考及实践所形成的思想观念、精神向往、理想追求和哲学信仰的抽象概括"[①],是指引人们进行理论探究和实践的被理论化、系统化了的具有相对稳定性、延续性和指向性的认识、理想的观念体系。办学理念是学校依据对实践对象的充分认识和深入研究而形成的对学校发展的理性认识、理想追求和独特的办学观念,反映了学校的定位、职能和特色。办学理念要回答把学校办成什么样和怎样办成这样这两个基本问题。

重庆人文科技学院是为实现人民教育家陶行知办"育才大学"的遗愿,于2000年在陶行知原办育才学校的故地而建的。伟大的人民教育家陶行知先生,毕生致力于兴办教育事业,是我国近现代教育史上一位颇具影响力的教育家。他在长期的办学实践中积累了丰富的教学经验,形成了自己独特的教育思想和办学理念。这种行知精神的文化背景让重庆人文科技学院具有了陶行知教育的基因特质,办学至今学校一直秉承陶行知的办学理念,将其作为立校之基、强校之本、创特之魂。

重庆人文科技学院在20年的发展历程中以光大行知精神作为学院的办学特色,以陶创校作为办学根基,进行立陶创特的办学实践探索,形成了学校光大行知精神的办学理念。如果说陶行知的育才学校是一本未写成书的活的教育学巨著的话,那重庆人

---

①眭依凡.大学校长的教育理念与治校[M].人民教育出版社,2001:55－56.

文科技学院就是这部巨著的传播者和续写者。

第一节　师陶立校:创建行知育才学院

1939年,陶行知先生在重庆合川草街镇古圣寺创办育才学校。育才学校推行生活教育、创造教育,在艰苦卓绝的条件下,为中国革命和社会主义建设培养了一大批优秀人才。重庆合川草街镇因育才学校被誉为“先儒过化之地,名贤经行之所”。据说当年陶行知先生有一个愿望——把育才学校办成育才大学。60年后的2000年,这里诞生了一所大学——“西南师范大学行知育才学院”,这是重庆人文科技学院的前身。

一、在陶行知办学之地建校

20世纪90年代,随着我国高等教育的改革和发展,民办高等教育从无到有,不断发展。为了适应高等教育改革和地方教育发展的需要,在1999年纪念陶行知创办育才学校60周年庆祝会上,重庆合川市委提出议案,希望在合川草街镇筹建一所大学,以继承陶行知先生的遗志。这一议案得到重庆市陶行知研究会和与会代表的赞同。会后,合川市委、市政府特邀西南师范大学创校办学,并约请重庆利昂实业有限公司投资。

2000年1月20日,合川市委、市政府给西南师范大学发出了“关于邀请西南师范大学办学”的函件。函件内容如下:

西南师范大学:

合川是重庆的北大门,规划建设中的重庆北部地区中心城市,是通往川北、陕西、甘肃等地的交通枢纽和经济走廊,全市辖区面积2356平方公里,人口151万。

我国著名教育家陶行知先生于1939年至1946年在合川草

街古圣寺创办一所育才学校，大力实施生活教育，为国家培养了大批人才。在古圣寺创办一所大学，是陶行知先生的毕生夙愿。但时至今日，我市境内尚无一所大学，已不适应重庆北部地区中心城市发展的需要。为了进一步加快我市科教兴市战略的实施步伐，促进合川经济文化的繁荣，推动合川两个文明建设，大力弘扬陶行知教育思想，继承陶行知先生遗志，使我市的教育结构更趋合理，为西部大开发培养更多高素质人才，经市委、市政府研究决定，特邀请比邻我市的西南师范大学前来办学。

中共合川市委

合川市人民政府

2000 年 1 月 20 日

西南师范大学党政领导与重庆利昂实业有限公司董事长(现民生教育集团董事长)李学春先生在共同兴办“育才大学”的事项上志同道合，他们都具有热爱教育的情怀、服务地方教育发展的意识。2000 年 1 月 30 日，西南师范大学与重庆利昂实业有限公司签订《西南师范大学、重庆利昂实业有限公司关于联合兴办西南师范大学行知育才学院的协议》。校址选定在陶行知当年创办育才学校的地方，由重庆利昂实业有限公司购置已搬迁至成都的华川兵工厂旧址的 2048 亩土地，作为办学场地。西南师范大学行知育才学院作为西南师范大学的二级学院，其办学形式属于公办民营的新型办学模式。

《协议》的主要内容如下：

(一)关于行知育才学院的性质

学院作为西南师范大学的二级学院，坚定不移地贯彻党的教育方针，实践陶行知先生的教育思想，全面推进素质教育，培养社会主义建设者和接班人。

(二)关于内部管理体制

甲方为西南师范大学，乙方为重庆利昂实业有限公司。甲乙双方议定成立董事会。董事会成员 5 人，甲方 3 人，乙方 2 人，董事长由乙方担任。学院实行董事会和甲方共同领导，以甲方为主的院长负责制。

（三）关于甲乙双方和学院方的职责

甲方负责学院的办学方向、培养目标和教学质量的监控与管理。乙方负责学院所必须的办学经费和条件。学院负责师生员工的思想政治工作，加强精神文明建设；按教学计划实施教学；负责学生日常管理；负责学科建设和实验建设；负责学院的一切基础设施建设；将古圣寺育才学校作为学院实习基地。

首任西南师范大学行知育才学院校长何向东教授（时任西南师范大学副校长）在回顾为什么西南师范大学要设立行知育才学院时谈道："我们不仅是将学校办在陶行知先生办学的地方，更是要将践行陶行知教育思想作为我们立院的精神。为了把学校办成'真学校'，我们需要构建'真教育'，将学生培养成'真人才'，这是我们西南师范大学设置行知育才学院为二级学院的目的。"

重庆人文科技学院董事长李学春先生（时任重庆利昂实业有限公司董事长）谈到为什么要在合川草街镇与西南师范大学合作办学时说："合川草街镇是陶行知先生办学的地方，当时正好此地有一个已搬迁到成都的工厂（华川兵工厂）厂址要出让，我们想这是办一所陶行知所希望的大学的好时机。西南师范大学不仅是全国一流的师范院校，还是重庆市陶行知研究会的主持单位，具有研究陶行知教育思想、指导学院践行陶行知思想的优势，因此在与西南师范大学的合作办学协议中将'实践陶行知先生的教育思想，全面推进素质教育'作为学校办学性质来加以强调。"

在陶行知办学之地建校和学校的校名，为重庆人文科技学院打上了陶行知的烙印。这烙印是学校的办学观念，是学校发展的愿景，是全校师生的共同追求。

二、以陶行知办学精神立校

2000 年 5 月学校正式成立，成立时的校名为西南师范大学行知育才学院，2000 年 12 月更名为西南师范大学行知学院。2003 年 3 月教育部下发教发函〔2003〕66 号文《教育部关于同意试办西南师范大学育才学院的批复》，正式批准西南师范大学试办育才学院，学院正式命名为西南师范大学育才学院，成为全国首批四所独立学院之一。

在学校的初创时期，学校办学条件极为艰苦。学院将陶行知教育思想作为立院精神，提出“艰苦创业，团结奋斗，求真务实，开拓创新”的建院方略。由于校址是一所废弃的工厂，需要进行全面的改建，学校开始只能借址办学。2000 年 9 月 9 日，学校在租借的合川党校大礼堂举行了“行知育才学院成立暨开学典礼”，并进行了系列主题报告会。学院以陶行知教育精神与学校发展作为报告会的主题，明确地表述学院的办学根基和宗旨。用育才学校精神，鼓励师生克服当前学校建设中的困难，建设具有行知教育特色的学校。合川市委副书记张均凤作《光大行知精神，培养跨世纪新人才》报告，西南师范大学邱玉辉校长作《转变观念，超常规发展，振兴西南师》报告，学校董事长李学春作《志在行知，科教兴渝》报告。通过主题报告会，全校师生明确了学院“艰苦创业，团结奋斗，求真务实，开拓创新”的办学精神。正是在陶行知办学精神的引导下，学院从小到大、由弱到强，从边缘性办学到规范性发展，成为在全国有一定影响力的民办本科院校。

下面的一个办学片段，是以陶行知办学精神立校的真实写照：

2001 年 7 月，学校由合川区党校搬迁至草街镇附近的“华川”新校区，当时，学生已经放假离校，教职工全部留下来搬家，这次搬迁包括师生员工和学院的所有物品。搬迁启动时正逢嘉陵江洪水猛涨，盐井渡口无法摆渡，搬运车辆只好绕道而行，即从合川县城出发到官渡过河，经小沔、保和入华川，行程 70 多公里，绕道而行，不但运费花销大，而且教职工组成的搬运各组十分辛苦。押运小组早上 4 点钟出发，每天来回跑两趟。每次到达华川后，没有搬运工下货，他们就七手八脚地把车上的东西卸下来。在华川负责打扫房屋、安装家具的职工也很辛苦，他们既当清洁工，又当搬运工，亲自动手扫垃圾，安置家具。挥汗如雨地忙碌了一个多月，学院终于顺利搬入新址。

陶行知为了改革中国的旧式教育，在极其艰苦的条件下创办了晓庄师范、山海工学团、重庆社会大学和重庆育才学校。其办学精神，激励着重庆人文科技学院的师生团结奋斗、艰苦创业。正是因为有实现陶行知先生办一所像育才学校那样的大学的愿望和办真学校、实施真教育、培养真人才理想的支撑，重庆人文科技学院从无到有，从小到大！

第二节　立陶兴校：建设行知特色民办高校

办学特色是学校在长期教育实践中形成的独特的、优质的、稳定的教育风貌，是学校在长期的办学过程中积累、形成和发展起来的，在办学理念、办学目标、人才培养方式、学科专业建设等各个方面表现出来的一系列的相对持久稳定的特征。

2004 年至 2012 年是重庆人文科技学院由初创走向成熟的重要阶段。学校在校学生规模由建校之初的 300 人发展到 2 万余人，学科专业由最初的 3 个本科专业发展到 63 个本科专业，文、理、法、工、管、艺等学科交叉渗透、协调发展。其间，由于 2005 年西南师范大学与西南农业大学合并为西南大学，西南师范大学育才学院于 2006 年更名为西南大学育才学院。

一、学陶研陶的发展方向

西南大学育才学院将陶行知教育思想作为学校的办学理念，这一理念需要全校师生共同践行。学校确立了学习陶行知、研究陶行知、践行陶行知的办学特色，要求全校师生了解陶行知教育思想，认识陶行知教育思想的现代办学价值，形成特色办学共识。时任西南大学育才学院院长的王长楷教授认为，西南大学育才学院的发展任务是“传承”和“进取”，他说：“我们既要继续光大西南大学百年的光荣传统和育才学院的办学精神，传承陶行知先生的教育思想，又要努力进取，坚持严谨求实的科学精神和开拓创新精神相统一，坚持自强不息的奋斗精神和厚德载物的人格精神相统一，促进学校特色发展。”

为了更好地践行陶行知教育思想，建设具有行知特色的大学，学校于 2009 年 3 月成立西南大学育才学院陶行知研究会。该研究会直接受重庆市陶研会领导。校长、副校长分别为研究会会长、副会长，相关职能处室和二级学院负责人即研究会常务理事，学校上下一心，把学校行政的推进力量与陶研会的学术力量汇聚于全校师生教育教学实践中，系统践行陶行知教育思想，着力推进学校行知特色建设和发展。

在学校陶行知研究会成立大会上，王长楷校长介绍了自建校以来学校践行陶行知教育思想的情况。他说：“我们学校是普通高校优势办学资源与优质社会资本相结合的产物，是为了适应高等教育快速发展的需要，也为实现陶行知先生当年梦想创办育才大学的遗愿，为延续陶行知先生忠诚为民办学的光荣历史，为弘扬陶行知先生进步的教育思想和崇高办学精神，在当年陶行知先生办学之地应运而生的民办大学。学校将‘光大行知精神’作为办学根基和办学宗旨，创造‘有教无类’的‘新平民教育’。学习和践行陶行知教育思想，用陶行知教育思想武装师生头脑，用陶行知教育思想指导人才培养的实践是学校鲜明的办学特色，学校已经形成了'厚学养德，树人育才'的学校文化。"他要求，为了进一步彰显这一办学特色，践行陶行知教育思想要与学校的人才培养结合起来，为发展学校的办学特色服务，为学校的教学改革服务，为学校的发展服务。

此后，学校专门设立陶行知研究课题，鼓励教师申报课题，在课题研究中深入学习研究陶行知教育思想，并将其运用于教育教学实践。学校将教师们的陶行知课题研究成果编辑成册，供全校师生学习交流。学校学报《民办高等教育研究》辟有"陶行知研究"专栏，吸引了全国各地研究陶行知教育思想的学者投稿，这不仅提高了学校学报的学术水平，更开阔了全校师生的"学陶"视野。学校建设陶行知研究文史陈列室，用实物、图片和影像，系统介绍陶行知的生平和各个办学时期，尤其是重庆育才学校时期的重要事件和感人事例，让全校师生直观、形象、生动地了解陶行知及其办学思想。学校成立陶行知研究所，有专人进行陶行知教育思想研究及学校行知特色建设研究，为学校特色发展提供学术支持。学校临近草街古圣寺陶行知纪念馆，为了帮助青年教师树立正确的教育信念，学校将参观纪念馆设置为青年教师岗前培训必修课。一时间，学校"学陶师陶"蔚然成风，成果显著。2009 年学校获得中陶会"推进区域陶研工作二等奖"，2010 年 3 月 31 日，中陶会批准学校建立陶行知思想实验基地。

二、立陶创特的建设路径

学校将陶行知办学思想应用于学校各项工作，在办学实践中认同和践行陶行知教育思想，逐步凝练出立陶创特的办学特征，为形成行知精神的办学理念奠定了基础。

学校坚持规范办学、民主办学和科学办学的原则。学校坚持党的领导，全面贯彻执行党的各项方针政策。学校坚持民主办学，实行董事会下的校长负责制；学校设立教职工代表大会，调动全校教职工参与学校管理，切实保障教职工的合法权益。学校办

学遵从教育规律，将陶行知教育思想融入到学校的制度建设、文化建设、教师队伍建设和课程教学之中。

2010 年，学校向中国陶行知研究会提出“陶行知思想实验基地学校”的建设申请，成为我国第一所申报中国陶行知思想实验基地的民办高校。中国陶行知研究会对此十分重视，其领导多次到学校考察调研。2010 年 9 月，中国陶行知研究会副秘书长、中央教育科学研究所研究员储朝晖带队到学校调研，了解学校学陶师陶情况。2011 年 5 月，中国陶行知研究会会长、中央教育科学研究所所长朱小曼教授到学校考察，对学院“立陶创特”的发展思路给予了充分肯定。朱会长称赞说：“国内高校高举陶行知旗帜做得好的，东部有公办的晓庄学院，西部有民办的育才学院。”并亲笔题词“立陶创特，强校育才”，鼓励学校做用陶行知教育思想促进民办高校发展的研究者和践行者，构建学校“立陶”模式，成为全国民办本科院校“学陶师陶”典型。同时，学校陶行知研究会还聘请陶行知之子陶城教授为顾问，他看到学校学陶师陶的成果后，高兴地说，他父亲的愿望在这所学校得到实现，并亲笔题词“立陶创特好，这是个创造”。中国陶行知教育基金会执行理事长崔祖瑛教授来校考察时题词“行知天下，陶学千古”，他认为，重庆人文科技学院作为一所民办高校，能旗帜鲜明地坚持以陶强校，创建学校的思想基础和办学特色，在目前千校一面的大背景下，尤其显得独树一帜。

2011 年 5 月，学校成为中国陶行知研究会基地学校。中国陶行知研究会常务副会长韩邦彦、重庆市陶行知研究会常务副会长徐仲林等到校参加授牌仪式。学校是第一所成为中国陶行知研究会“陶行知思想实验基地”的民办高校。

陶行知思想实验基地的建设，推动了学校特色建设的进一步发展。经过多年实践，学校凝练出了以“学陶立制”“师陶立位”“研陶立论”“创陶立人”为特征的“立陶创特”发展特色。

三、行知精神的学校特色

我国民办高校是国家高等教育体系的一个有机组成部分，也是国家高等教育改革的新生力量。民办与公办高校按照各自的办学理念准确定位，各具特色，构成了我国充满活力、竞争有序、健康发展的高等教育体系。重庆人文科技学院的行知特色办学促进了学校健康快速发展，成为全国民办高校办学体制改革的先行者。2013 年，学校根据教育部要求进行“转设评估”，成为全日制民办普通本科高校，校名由西南大学育才学院更名为重庆人文科技学院，并被教育部确定为全国应用技术型大学战略研究首批试点高校之一。

在学校转设后，时任学校党委书记张卫平明确表示，学校要继续坚持光大行知精神的办学特色，将陶行知“教学做合一”“行知创合一”“真善美合一”的教育思想融入人才培养方案、学生的日常教育和实践活动，创造条件鼓励学生大胆创造、学以致用。时任学校校长何向东教授提出要以科学的办学理念促进高水平民办大学建设。他强调，学校探索“立陶创特”路已有 10 余年，学校要进一步把“研陶立论”和教学科研融为一体，把对陶行知的研究作为教师的考核内容之一，以促进陶研成果的时代化、全员化和校本化，将学校建设成“以陶育人”的特色高校。

重庆人文科技学院将陶行知教育思想与转设后学校教育发展的新要求相结合，进一步凝练出具有行知精神特征的办学理念，推动学校优质发展，总结多年学陶研陶的成就，相继编写专著《陶行知教育名篇精选读本》《陶行知教育思想新论》和论文集《陶行知教育思想与实践研究》等学术研究成果。其中，学校将《陶行知教育名篇精选读本》作为面向全校学生开设的选修课程陶行知教育思想的课程教材。学校通过组织全校师生对陶行知教育思想进行深入学习和研究，尤其是开展关于学校办学特色的讨论，使全校师生进一步明确了学校办学定位和育人目标，形成了全面

落实“立德树人”根本任务，秉承“知行合一，服务社会”的办学宗旨和“厚德笃行，求真创造”的校训，大力弘扬“捧着一颗心来，不带半根草去”的大学精神，深入实施“以人为本，质量立校，特色兴校，人才强校”的发展战略，努力把学校建设成为一所优质特色的全国一流民办应用型大学的共识。

学校的办学特色在本质上是学校个性化的表现。重庆人文科技学院建设行知特色高校主要表现在三个方面，一是具有地方性，即学校的学科专业建设与课程设置要紧密结合地方经济建设和社会发展需要。二是具有应用性，即在人才培养上侧重于应用型人才，注重校企合作，加强应用性。三是具有独特性，即体现了独有的地域文化特色。在学校“求真务实，开拓创新”的精神中，“求真务实”之“真”取自陶行知先生的教师要“千教万教，教人求真”，学生要“千学万学，学做真人”；“开拓创新”承自陶行知先生的创造教育理念。

第三节　创陶求新：光大行知精神的办学理念

20 年来，重庆人文科技学院始终不忘办学初衷，将满足社会人才需要，促进社会发展作为学校发展的目标；确立了服务地方、培养高水平的应用型人才的办学理念。每所大学因有不同的文化背景与社会地位，其办学主体就有不同的教育观，并形成不同的办学理念，这些办学理念是学校师生的共同认识与共同追求。重庆人文科技学院的办学理念是全校师生员工在教育教学的办学实践中，依据对学校育人和各类教育实践的充分认识和深入研究而形成的对学校发展的理性认识、理想追求和独特的办学观念，主要包括办学宗旨、大学精神、校训和校风、教风和学风。

一、“知行合一，服务社会”的办学宗旨

办学宗旨是办大学所要实现、达成的意图或者目的，也称为大学使命。办学宗旨是大学的核心指导思想，是学校发展的出发点和归宿，决定着学校的发展方向。办学宗旨是遵循一定的教育理念来实现的，也就是说办学宗旨要与大学的教育理念相一致。大学的办学宗旨所遵循的教育理念是与大学的定位相关联的。重庆人文科技学院遵循陶行知先生的生活教育理念，结合学校注重知识应用和服务社会的育人目标，提出了“知行合一，服务社会”的办学宗旨。

“知行合一”既是陶行知办学思想的体现，也是新时代的人才培养要求。“知行合一”对重庆人文科技学院而言，是教育理念，是育人方式，也是育人目标。具体来讲，第一，“知行合一”是为了培养全面发展的人，真善美的活人。陶行知认为，“在学校里并非一面教人，一面受教，就算了事。要使学生的精神意志和能力，渐渐的发育成长”①。学校教育是对人的培养，重庆人文科技学院坚持将育人放在第一位。第二，“知行合一”突出了教育主体性。这里的主体性是指学生在教师指导下积极主动学习时表现出的一种主观能动性。教师要让学生在“做中学”；在传授知识的同时培养学生学习的“自动模式”，学会自主学习。第三，“知行合一”是新时代的育人要求。党的十八大以来，习近平总书记多次强调“知行合一”，要求党员干部既要加强理论学习，走在前列；又要结合实践，干在实处。2019 年 3 月，习近平总书记在中央党校（国家行政学院）中青年干部培训班开班式上发表重要讲话，再次强调在知行合一中主动担当作为。重庆人文科技学院在人才培养上，要求学生深学笃行，在学深悟透、融会贯通上下功夫。

“服务社会”是重庆人文科技学院的办学定位，是学校办学理

① 方明. 陶行知教育名篇[M]. 教育科学出版社，2005：8.

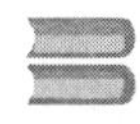

念与办学实践的有机统一。现代社会对大学人才培养的需求一般说来有两类。一类是培养发现和研究事物发展规律、创造新知识的人才；另一类是培养将这些规律的原理应用于实践，并直接为社会谋取利益和创造价值的人才。前者称为学术型人才，后者称为应用型人才。应用型人才的培养目标是未来的实际工作者，他们的主要任务是在一定理论的指导下，将新知识应用于实践。学校根据所拥有的办学资源和办学能力，将应用型人才培养作为学校的办学定位。

重庆人文科技学院"服务社会"的办学定位体现在两个方面，一是人才类型突出应用。学校所承担的主要是大众化的教育任务，是培养满足社会发展需要的数以千万计的实用型的专业技术人才，地方性和应用性是人才培养目标的特征。二是学校工作重在教学。大学具有人才培养、科学研究、社会服务三大职能。重庆人文科技学院作为大众式教学型大学，在体现这三大职能时着重于人才培养；在学科专业设置上体现市场导向、就业导向；在教学模式上注重对学生进行学科的基本理论、基本知识和基本技能的训练，注重对学生就业能力和职业技能的训练，注重教学与生产实践、社会服务、技能推广相结合。为了体现学校"服务社会"的办学定位要求，学校对人才培养方案和育人过程提出三项要求：第一，改革教学内容和教学方法，开设适应所在地方经济发展需要的课程；第二，通过调整学校专业结构，主动适应所在地方经济发展的需要；第三，开展校企合作，主动与所在地方企业联合创办专业或开设课程。

二、"捧着一颗心来，不带半根草去"的大学精神

大学精神是大学在长期的发展过程中所形成的价值和规范体系。重庆人文科技学院在 20 年的发展历程中，形成了"捧着一颗心来，不带半根草去"的大学精神，这是学校教职员工的价值追

求和行为规范，是学校独特的陶行知“气质”。“捧着一颗心来，不带半根草去”是学校精神个性化的表现，是重庆人文科技学院富有典型意义的精神特征，具有历史性和独特性。

“捧着一颗心来，不带半根草去”体现了重庆人文科技学院的价值理念和精神追求，是学校地域文化的表现。“捧着一颗心来，不带半根草去”是陶行知对教育者无私奉献精神的表白，将奉献精神作为大学精神是重庆人文科技学院继承陶行知教育思想办学的体现。陶行知认为教育是不能掺有任何功名和利禄的，是无名无利的；从事教育的机会是为学生服务的机会，是为社会贡献的机会。

“捧着一颗心来，不带半根草去”是学校全体教育人的共识，具有认可性和继承性。认可性是指大学精神被大学的全体教育人所认可，所接受。成为大学精神的基本条件就是得到大学的全体教育人的认可，大学精神只有得到他们的认可，才能被继承，成为一直延续的思想观念。重庆人文科技学院致力于建设一支有教育情怀、热爱学生、甘于奉献的教师队伍，在教师选聘和任用、培养和晋升上一直将教师的师德和品质放在第一位。“捧着一颗心来，不带半根草去”是学校对全体教育人的规范要求，具有内在性和约束性。内在性表现在重庆人文科技学院以此对学校全体教育人的思想意识施加影响，以实现对他们的世界观、价值观、人生观的改造，使其具有奉献精神；约束性表现在重庆人文科技学院以此对学校全体教育人的行为进行约束和规范。“捧着一颗心来，不带半根草去”的大学精神已成为全校教师艰苦奋斗、锐意进取的精神力量。

三、“厚德笃行，求真创造”的学校风貌

形成良好的精神风貌，优良的校风、教风和学风，先进的办学理念和适切的育人目标，对于学校育人质量至关重要。重庆人文

科技学院将大学风貌作为体现学校光大行知精神办学理念的学校标识，提出了“厚德笃行，求真创造”的校训，形成了“立己立人，止于至善”的校风、“持正守德，勤思善教”的教风和“见贤思齐，学而不厌”的学风。学校的校训、校风、教风和学风（以下简称“一训三风”）是学校风貌的有机组成部分。校训是学校的精神面貌和行为作风，是学校作风、教师教风、学生学风等的结合体，是学校的精神和灵魂所在。

（一）校训：厚德笃行，求真创造

“厚德笃行，求真创造”的校训是学校办学理念和办学特色的反映，是学校办学目标的精简概括，是全体师生共同遵守的行为规范，也是学校教风、学风、校风的集中表现，体现了学校精神文化的核心内容。其基本内涵是践行立德树人的根本任务，培养追求崇高理想、高尚情操、完美人格，以实事求是的科学精神，严谨勤奋的治学态度，学以致用，躬行实践，具有创造品质、创造能力和创新精神的时代新人。

“厚德笃行，求真创造”，“厚德”突出了德育为首的教育理念；“笃行”强调重视实践、知行合一；“求真”是求学、治学的精神和态度；“创造”是教育教学所能达到的最高目标。

“厚德笃行”彰显了学校践行陶行知先生教育思想，坚持德育首位、知行合一、学以致用，培养“手脑并用”的应用型人才的育人目标。“厚德”源自《周易·坤卦》：“天行健，君子以自强不息；地势坤，君子以厚德载物。”其意指君子应该像大地一样，胸怀宽广，气度宏大，增厚美德，以身作则。表现了中华民族具有的宽广胸襟和海纳百川的包容精神，彰显了学校立德树人的根本任务。“笃行”意即专心实行，认真实践。源自《礼记·中庸》：“博学之，审问之，慎思之，明辨之，笃行之。”体现了中华民族身体力行、言行一致、修养践履、求真务实的民族精神。

“求真创造”是重庆人文科技学院一直将培养学生的创造力

作为教育任务的表现。“求真”语出《百候中学校歌》的“千教万教，教人求真”①。意即要有实事求是的科学精神，严谨勤奋的治学态度，诚心诚意，说真话，干实事，求实效，做真人。学校继承陶行知“教人求真”“学做真人”教育思想的办学传统，从实际出发，按教育教学规律办学，为追求真理和理想不懈奋斗。“创造”，意即发明、制造前所未有的事物。学校践行陶行知先生创造教育的理论，希望“处处是创造之地，天天是创造之时，人人是创造之人”②，将创造看作人生的真谛，把培养创造力作为教育的宗旨，把培养学生的创造品质、创造能力作为教育教学的最高目标。

“厚德笃行，求真创造”既反映了学校“知行合一、服务社会”的办学宗旨，也反映了全校师生员工把追求真理与勇于实践、敢于创新创造结合起来的使命意识，体现了“建设一流应用型大学，培养高端应用型人才”办学定位的根本要求，是重庆人文科技学院20年办学历史和大学文化的积淀，也是重庆人文科技学院师生共同的价值追求。

（二）校风、教风和学风

校训是校风、教风和学风（以下简称“三风”）建设的灵魂，是形成良好“三风”的风向标。如果说校训是办学精神的体现，那么“三风”则是学校发展的保证。“三风”是相辅相成、互动生成的，教风、学风表现校风的不同侧面；教风影响学风，学风也可以促进教风发展；良好的“三风”使校训教育更有针对性和实效性。重庆人文科技学院在“厚德笃行，求真创造”校训的基础上，进一步凝练出“立己立人，止于至善”的校风、“持正守德，勤思善教”的教风和“见贤思齐，学而不厌”的学风。

---

①华中师范学院教育科学研究所．陶行知全集（第4卷）[M]．湖南教育出版社，1985：592．

②董宝良．陶行知教育论著选[M]．人民教育出版社，2011：562．

1. **校风:立己立人,止于至善**

重庆人文科技学院的“立己立人,止于至善”校风建设,要求学校的教育工作和学生成长都要以达到最佳状态为目标。“立己立人”源自《论语》:“夫仁者,己欲立而立人,己欲达而达人。”其意为:所谓“仁”者,应该是自己“立”,也帮助别人“立”;自己希望“达”,也帮助别人“达”。这是孔子对“仁”的解释。“止于至善”源自《礼记·大学》:“大学之道,在明明德,在亲民,在止于至善。”朱熹注:“言明明德,亲民,皆当止于至善之地而不迁,盖必其有以尽夫天理之极,而无一毫人欲之私也。”“止于至善”朱熹释:“止者,必止于是而不迁之意。至善,则事理当然之极也。”“止”有两层含义,一是达到,二是保持这种状态;“至善”为“事理当然之极”。

陶行知认为,学校教育是“活教育”,要尊重教师,促进学生发展。学校应该为教师和学生创造民主和谐的工作和学习环境,教师要注重研究学生的学习特点和规律,根据学生的实际需要和能力,“予以适宜之肥料、水分、太阳光,并须除害虫。这样,他们才能欣欣向荣,否则不能免于枯萎”①。建设“立己立人,止于至善”的校风,首先要“立”,“立”就是要确立教育主体的地位。教育主体包括教育者和受教育者,教师是实施教育的主体,学生是受教育的主体。学校要确立教师和学生在学校的主体地位,为教师教育工作服务,为促进学生发展服务。其次要“至善”,“至善”是学校要达到的育人质量要求。达到“止于至善”之境,要经过“明明德”和“新民”两个过程。这要求重庆人文科技学院的全体教育工作者先要做学生模范,再教育学生成为德才兼备的人才。

2. **教风:持正守德,勤思善教**

重庆人文科技学院的“持正守德,勤思善教”教风要求教师行为世范、为人师表,具有实施教育的能力和智慧。“持正守德”是为师之道,是我国优良的师德传统;“勤思善教”是教师应有的教

---

①陶行知.陶行知全集(第4卷)[M].四川教育出版社,2005:451.

育能力和教育智慧。陶行知认为，教师要有奉献精神，要有进取精神，要有交流与合作精神。教师树立"持正守德，勤思善教"的教风，一是要具有师德修养和道德规范，以身作则，行为世范；二是要尊重学生、爱护学生。陶行知把"爱满天下"作为自己的教育信念，他认为没有爱便没有教育。三是要树立现代教育观念，要开展教师间的交流和合作，促使教师不断改进教学。陶行知主张因材施教，教育教学过程应与社会、学生经验联系起来，教育要满足学生真正的发展需求。

3.学风：见贤思齐，学而不厌

重庆人文科技学院的"见贤思齐，学而不厌"学风要求学生乐于学习、善于反思。"见贤思齐"源自《论语·里仁》："见贤思齐焉，见不贤而内自省也。"其意为：见到德才兼备的人就要向他看齐。"学而不厌"源自《论语·述而》："默而识之，学而不厌，诲人不倦，何有于我哉？"其意为：学习没有满足的时候，比喻非常好学。

学风是读书之风，是治学之风，更是做人之风。重庆人文科技学院树立"见贤思齐，学而不厌"的学风，一是营造自省乐学的学习氛围。陶行知提出学生要自省，每天四问："第一问：我的身体有没有进步？……第二问：我的学问有没有进步？……第三问：我的工作有没有进步？……第四问：我的道德有没有进步？"[①]二是形成乐学善思的学习行为。陶行知将《中庸》中对"博学、审问、慎思、明辨、笃行"的表述，进行了切要的现代转换："体验相当于笃行；看书、求师、访友相当于博学；思考相当于审问、慎思、明辨。"[②]由此提出体验、看书、求师、访友、思考的"五路探讨"治学方法。三是进行多样的学习体验活动。学生的集体生活是进行学习体验的好平台，陶行知将集体生活的要素归为三项，即

---

①陶行知.陶行知全集(第4卷)[M].四川教育出版社，2005：429－435.

②陶行知.陶行知全集(第4卷)[M].四川教育出版社，2005：12.

集体自治、集体探讨、集体创造。集体自治是要培养学生自觉的纪律和自觉的行动，集体探讨是“以集体的努力，追求真理”[①]，集体创造是“运用有思考的行动来产生新价值”[②]。这三项是学生进行学习体验的有效方式。

---

①陶行知.陶行知全集(第4卷)[M].四川教育出版社,2005:408.

②陶行知.陶行知全集(第4卷)[M].四川教育出版社,2005:409.

第三章　陶行知教育思想融入人才培养

重庆人文科技学院董事长李学春说:“我们创校的最大功德，是圆了陶行知生前期盼办‘育才大学’的梦，但更要坚持用陶行知教育实验主义的办学之道，打造人才质量培养高地，把学校建设成为高水平的西部地区一流应用型本科名校，这才是真正的‘立陶梦’。”①陶研专家说:“西部的私立育才学院能在陶行知办学的故地实施‘立陶’战略，将学陶贯穿办学全过程，以培育和践行社会主义核心价值观为引领，认真开展教育教学的课题实验，推进学校特色发展，印证了陶学的当代价值，提供了以陶育人的成功范例。”②

第一节　知行合一:人才培养目标体系建构

重庆人文科技学院位于陶行知先生早年办学的地方，具有典型地标特征和历史文化机缘。从 2000 年创办之日起，学校就决定扬长避短，走应用型发展之路，大力推进错位发展、特色发展，在教育理念的确立、人才培养方案的制定、人才培养目标的定位、人才培养模式的改革等方面突出个性特色。学校秉承陶行知“千

①本刊评论员.放飞“立陶梦”:创“三立”促“三强”——论重庆人文科技学院“立陶创特”实验模式路线图[J].民办高等教育研究，2013(2).

②本刊评论员.放飞“立陶梦”:创“三立”促“三强”——论重庆人文科技学院“立陶创特”实验模式路线图[J].民办高等教育研究，2013(2).

教万教，教人求真；千学万学，学做真人”[①]的教育思想，坚持“教学做合一”“手脑并用”的教学实践，对高素质、应用型人才培养进行了大胆的探索。

一、基于“改造社会”的人才培养定位讨论

人才培养是高等学校的首要职能。为谁培养人，培养什么样的人，怎么培养人，这些是教育思想问题，也是人才培养首先需要回答的问题。其首要的又是人才培养定位问题。对于学校的办学定位和职能，陶行知批评旧式教育“走错了路！他教人离开乡下向城里跑；他教人吃饭不种稻，穿衣不种棉，做房子不造林；他教人羡慕奢华，看不起务农；他教人分利不生利；他教农民子弟变成书呆子……”[②]他认为教育应该中国化，“应求其合于我国之国民经济力，合于我国之社会状况，合于我民族与社会之切实要求”[③]。所以“教育为改良社会而设，为教育社会人才而设。……夫既为社会而设，若与社会不相往来，何以知社会之需要？中国前此之弊，即在于此”[④]。他进而在《地方教育与乡村改造》中认为：“办学和改造社会是一件事，不是两件事。改造社会而不从办学入手，便不能改造人的内心；不能改造人的内心，便不是彻骨的改造社会。反过来说，办学而不包含社会改造的使命，便是没有目的，没有意义，没有生气。”[⑤]所以教育应该与社会达成一致，应该培养能够创造新时代、新社会的人才。为此，在陶行知办学过程中，其最大特点就是根据社会的发展需要制定教育方针，根据

①华中师范学院教育科学研究所．陶行知全集（第3卷）[M]．湖南教育出版社，1985：608．

②陶行知．陶行知全集（第1卷）[M]．四川教育出版社，2005：85．

③陶行知．陶行知全集（第11卷）[M]．四川教育出版社，2005：299—300．

④陶行知．陶行知全集（第1卷）[M]．四川教育出版社，2005：221．

⑤陶行知．陶行知全集（第2卷）[M]．四川教育出版社，2005：352．

中国的国情在实践中发现教育的新理，在洞察社会中反思自己的行为，不断推动人才培养目标的实现。

作为新建本科院校，重庆人文科技学院在创办 20 年的发展过程中，始终坚持“改造社会”的使命，按照“知行合一”的理念，根据经济社会发展和学校实际情况，持续开展人才培养的教育思想讨论，让学校办学定位和人才培养目标越发清晰明确。

第一，学校建校之初就通过教学会议讨论确定了应用型人才的培养目标。早在办学初期的 2004 年 3 月，学校就召开了首届教学会议，通过会议讨论，进一步理清了办学思路，明确了深化教学改革的发展方向。全校教职工明确了学校的发展定位是教学型本科院校，基本目标主要是培养专业基础扎实、实践技能过硬、知识视野开阔、思想道德高尚的应用型人才。2005 年 6 月，学校第二届教学会议明确了“教学型大学”的定位，确立了立足重庆、辐射西部、面向全国的发展目标，更完整地确定了重点发展教师教育、艺术教育、技能教育、民族教育的学院特色。学校在确定发展战略定位中，始终传承陶行知“千教万教，教人求真；千学万学，学做真人”①的信念，落实“教学做合一”的手段，坚持“实践第一”的观点，培养专业基础扎实、动手能力强、技术水平高的应用型人才。

第二，为了迎接“转设”发展，学校先后多次召开专家研讨会，积极应对教育部对独立学院转设发展的要求，进一步深入探究学校人才培养的定位。2011 年 7 月 29 日，学校召开了“建设中国一流民办大学工作汇报暨研讨会”，邀请了时任重庆大学党委书记欧可平、市政府副秘书长涂经平、市教委总会计师邓睿、市民办教育协会副会长陈传文等领导和专家为学校发展建言献策。针对学校创办一流民办大学的办学追求，重庆工商大学周万钧校长建议办学层次“放在学校本身的定位上是一种应用型的本科”。

①华中师范学院教育科学研究所. 陶行知全集(第 3 卷)[M]. 湖南教育出版社，1985：608.

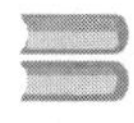

合川区教委刘明副主任认为，学校的“定位上必须有应用型人才，我们现在的高校就业面临着一定困难，民办高校也面临着这个问题，我们为适应重庆的大发展，培养应用型人才为地方经济服务，我觉得从专业上、从定位上，应当有一定的体现”①。2012 年 11 月 18 日，学校召开了发展战略研讨会，邀请教育部、重庆市委市政府、市教委、合川区委、湖南省教育厅和 10 余所高校等单位 80 余位领导和专家出席会议。会议围绕“推进学院战略转型，加快学院创新发展，建设高水平民办大学”的主题展开。与会领导、专家们围绕学校转设、转型的建设问题，积极建言献策，从转型理念、定位、思路到具体的走向等，提出了很多富有建设性的意见和建议，提出了要创新思路、明确定位、确立战略、促进转型，积极探索具有学校特色的科学发展、和谐发展、创新发展之路，全面推进学校各项事业又好又快发展，促进高水平民办大学建设。通过研讨，学校在建设中国高水平民办大学框架方案中明确提出要“大力践行把陶行知教育思想融入教育教学”，加强“陶行知思想实验基地”建设，使“学陶、师陶、研陶、弘陶”蔚成风气；要适应市场经济对人才的需求，创新人才培养模式，强化实习实训实践，紧密与就业岗位对接，培养应用型、创新型、复合型人才。这时的人才培养定位还处于研究探索阶段，存在应用型、复合型的多重定位。

第三，以转设为契机，以应用技术大学改革试点为基础，借智借力，进一步凝练应用型人才培养定位。2013 年初，学校被国家教育部确定为全国应用技术大学改革战略试点研究的 39 所高校之一，开启向应用技术大学转型发展的序幕。2013 年 4 月，经教育部批准由独立学院转设为独立设置的民办普通本科高校，在转设后的五年发展规划中，学校提出的人才培养规格定位为“培养人文与科学素养较高、专业基础知识扎实、行业适应能力强、德智

---

①育才学院党政办公室．育才“借脑”：邀贤求解创一流——育才学院建设中国一流民办大学研讨会专家发言纪要[J]．民办高等教育研究，2011(3)．

体美劳全面发展的应用型人才”。在转设后的揭牌庆典上，各级领导对学校发展提出了殷切希望，学校将之视为对人才培养的一次重要研讨，并随即召开了学校的学科专业发展研讨会。学校董事长李学春在揭牌庆典的发言中明确：“学校将以更大的勇气和智慧全力推进转型发展，在办学类型上，由普通本科大学向应用科技大学转变；在人才培养定位上，由培养学术研究型人才向培养技术技能型人才转变，以建设现代职业教育体系为切入点，积极创建应用科技大学。”①市教委周旭主任在讲话中说：“希望学校以成功转设为契机，充分了解重庆的产业布局和人才需求，深入分析行业发展趋势，进一步优化育人环境，调整专业结构和服务面向，针对经济社会发展实际，开展应用科学和现代技术教育，为生产、建设、管理、服务第一线培养高素质、高层次、应用型、技术型人才，努力成为我市民办高校改革创新的实践标杆，在长江上游科技教育中心建设中作出应有的贡献。”②市政府吴刚副市长在讲话中说：“衷心希望重庆人文科技学院乘势而上，发挥民办教育办学机制灵活的优势，创新办学理念，以学科专业建设为龙头，把人才培养作为学校建设的核心和使命，加强师资队伍建设，不断提升办学水平；进一步推进产教融合、校企结合，加快应用科技大学建设，提高服务地方经济社会发展的能力，为加快‘科学发展、富民兴渝’作出新的更大贡献。”③至此，应用型人才培养目标不仅成为社会的需要、学校的追求，也成为重庆市领导对学校人才培养定位的要求。

第四，通过调研和改革，应用技术型大学建设和应用型人才培养理念逐渐深入人心。为进一步强化“服务地方经济社会发展

①李学春. 以建设现代职业教育体系为切入点　积极创建特色鲜明的应用科技大学[J]. 民办高等教育研究，2013(2).

②周旭. 重庆人文科技学院作为教育部应用科技大学首批试点高校之一　要向全国高水平民办大学迈进[J]. 民办高等教育研究，2013(2).

③吴刚. 重庆人文科技学院的揭牌　实现了我市民办普通本科高校零的突破[J]. 民办高等教育研究，2013(2).

和应用型专门人才培养”的意识，更加主动地面向和服务于地方(行业)需要，把“立足地方、融入地方、服务地方、贡献地方”作为学校办学的根本使命，2014 年，学校召开了“应用技术型大学建设战略发展研讨会”，号召广大干部和教职工增强对深化教育领域综合改革的共识，把推进应用技术型大学建设的发展战略作为学校改革发展的总体目标，把培养产业转型升级和公共服务发展需要的高层次的技术技能型人才作为人才培养的主要目标。为了转型发展，培养适应地方经济社会发展和创新创业需求的高素质人才，许多单位纷纷赴其他高校、企业等开展深入调研，如：文新院就特色专业建设、汉语言文学专业转型等先后赴西华师范大学、曲靖师范学院、云南大学滇池学院等院校进行了调研；外语学院就英语专业教学改革和专业建设等方面赴重庆师范大学涉外商贸学院、四川外国语大学成都学院进行了调研；管理学院根据市场需求组织筹建的酒店管理专业取得了良好的招生效果；由建筑学院牵头，学校与高等教育出版社联合主办了首届中国应用技术型大学设计学科建设高峰论坛，筹建了以学校为核心的设计学科联盟，与国内相关知名专家共谋中国应用技术型大学设计学科发展方向和产学研融合发展模式，共同研发全国应用技术型大学设计学科第一套教材，受到了国内各高校的一致好评。通过广泛调研和深入探索，学校在 2016 版本科专业人才培养方案制定中，根据经济社会发展需要，进一步明确“以服务创新驱动发展为宗旨，以培养具有创新精神和创业意识的应用型人才为目标”，将创新创业纳入人才培养整体思考与设计中。

通过不断的研究探索，学校的人才培养定位注重面向经济发展方式转变、产业结构调整升级、实体经济发展壮大的需要，坚持以服务为根本、以需求为导向、以能力为本、以学生为主体的理念，坚持“扬师陶之旗，行学陶之路，兴研陶之风，育创陶之人”的思路，践行陶行知“教人求真”“学做真人”的教育思想，开展应用科学和现代技术教育，推进“教学做合一”“手脑并用”教学实践，为重庆经济建设的生产、建设、管理、服务第一线培养具有良好的思想道德素质、综合的理论知识和实践知识、较强的实践能力、应用能力和行业适应能力的高素质、高层次、应用型、技术技能型人才。

二、“利群”的专业结构调整

服务社会是高等学校的重要职能。陶行知先生说：“不运用社会的力量，便是无能的教育，不了解社会的需求，便是盲目的教育。”[①]高校的专业设置，特别是职业院校、应用型高校的专业设置必须跟随社会发展变化，按照“利群”的目标进行调整。陶行知认为，从社会发展需要来说，教育应该培养生利的人，而不能一味地去培养分利的人，否则社会怎能发展与进化。职业教育应该是养成生利人物的教育。生利有两种：一是生有利之物，如农业所产的谷物，工业生产的器具，都是以物利群；二是生有利之事，如商通有无、医生治病，则以事利群。“生利主义侧重发舒内力以应群需……生产一事一物时，必自审曰：‘吾能生产乎？吾所生产之事物于群有利乎？’教师学生于不知不觉中自具一种利群之精神。”[②]国家只有造就生利人物，得生利人物之用，才会国无游民，民无废才，群需可济，个性可舒。所以“应切实使教育中国化，应求其合于我国之国民经济力，合于我国之社会状况，合于我民族与社会之切实要求”[③]。

作为应用型本科院校，作为陶行知思想实验基地学校，重庆人文科技学院始终把根据地方经济社会发展需要不断调整优化专业布局作为学校专业建设工作的重点。曾任两届全国政协委员的学校董事长李学春先生站在全国的高度，大力支持学校根据

---

①陶行知．陶行知全集(第3卷)[M]．四川教育出版社，2005：505.

②陶行知．陶行知全集(第1卷)[M]．四川教育出版社，2005：12.

③陶行知．陶行知全集(第11卷)[M]．四川教育出版社，2005：299—300.

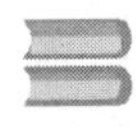

重庆经济社会发展的重大需求，与重庆主导、特色、优势产业紧密结合，调整专业结构，加强专业建设，希望把产业贡献力大、价值创造力高、结构带动力强的专业作为重点突破，形成优势专业群，为学校特色发展和人才培养创新奠定坚实基础。

2011 年 7 月，学校召开“建设中国一流民办大学工作汇报暨研讨会”，学校在建设中国高水平民办大学框架方案中明确提出：“着力建设适应重庆工业化、城乡统筹和产业升级、产业结构调整的特色专业。”在 2015 年 1 月召开的学校转设后首次教学工作会上，时任校长何向东教授作主题报告《优化专业结构　深化教学改革　扎实推进应用技术型大学转型发展》，他在报告中提出：“必须主动适应经济社会和高等教育的发展需求，立足应用型高校定位，坚持应用型人才培养目标，大力实施转型发展战略，大力调整专业机构。”大会讨论的重要文件就是《重庆人文科技学院学科专业结构调整方案》，强调学科专业结构调整首先要以服务区域经济社会发展为宗旨，要科学预测重庆市建设“统筹城乡综合配套改革试验区”“国家中心城市”“6＋1 支柱产业”“渝新欧大通道”“智慧城市”“长江上游经济中心”等对人才的需求，重点打造直接与区域经济建设和发展密切相关的应用型专业，为发展与构建边缘学科、交叉学科、综合性学科的新专业做准备。调整的具体措施包括：淘汰部分生源萎缩、就业面窄、支持条件欠缺的专业，对部分专业控制招生，改造部分传统专业，努力扩大计算机类专业的申报力度，优化学科专业结构，凸显学校人文科技特色。

按照建设高水平应用技术型大学的总体目标，学校实施了调整优化学科专业结构计划。学校本着为地方产业升级、技术进步和社会管理创新贡献力量，为战略性新兴产业输送人才的义务，对接产业链建设一批专业群。学校在学科专业建设基础上，力图做到专业体系与区域产业链相对接，把为同一产业链提供服务的专业关联在一起组合为专业群共同发展，主要形成七大优势专业群与产业链相互对接：第一大优势专业群服务于汽车制造业，其中的核心专业是汽车服务工程专业和机械设计制造及其自动化专业，衍生周边专业包括计算机科学与技术、电子信息工程、工程管理、微电子科学与工程等。第二大优势专业群服务于“一带一路”的“渝新欧”及长江沿线经济带建设和黄金水道的开发工作，以物流管理专业为核心，相关产业包括经济学、会计学、工程管理、电子信息工程、计算机科学与技术等。第三大优势专业群服务于学前教育，以学前教育专业为核心，同时也注重数学与应用数学、英语、汉语言文学、汉语国际教育、音乐学、美术学、舞蹈学等专业。第四大优势专业群服务于文化产业，以新闻学专业和广播电视编导专业为核心，辅以表演、舞蹈表演、音乐表演、播音与主持艺术、服装与服饰设计等专业。第五大优势专业群服务于城镇化建设，以环境设计专业为核心，辅以园林专业、风景园林专业、视觉传达设计等。第六大优势专业群服务于汉语国际推广文化产业，以汉语国际教育专业为核心，同时也包括英语、汉语言文学等专业，并用国际学院做推力。第七大优势专业群服务于实体经济企业，以会计学专业为核心，同时也注重人力资源管理、经济学等专业。

2012 年以来，学校紧紧围绕向应用型本科转型这一办学目标，对接重庆经济社会发展需要，结合重庆市产业结构升级对人才的需求和重庆市的专业布局要求，综合考虑各专业连续三年招生录取、就业、教育教学质量等情况，制定了专业设置管理办法，逐步增设服务地方产业的理工类专业；建立了专业招生预警机制和退出机制，2017 年重庆市高校主动撤销本科专业的高校共两所，我校为其中唯一一所民办高校。2012 年，学校停止招生 29 个专科专业，随后逐步停办了导演、雕塑、绘画、教育技术学、戏剧影视文学、戏剧影视美术设计、社会工作、微电子科学与工程等市场需求小的本科专业共 8 种；先后成功申报设置了工程管理、学前教育、物流管理、酒店管理、风景园林、机械电子工程、建筑学、软件工程、通信工程、物联网工程、新能源科学与工程、社会体育指导与管理、数据科学与大数据技术、护理学等与学校转型发展、与地方重点产业发展匹配度高的新专业 22 种。目前，学校现有

45 种本科专业，涵盖了经济学、法学、教育学、文学、理学、工学、农学、医学、管理学、艺术学等 10 个一级学科门类和 24 个专业类，多学科、多形式、有规模的学科专业特点正逐步显现。

转型发展前，重庆人文科技学院为典型的文科类院校，文科类专业占专业总数的 73.2%。转型发展后，到 2019 年底，学校 45 种本科专业中，人文社科专业 18 种，占专业总数 40%；自然科学专业 17 种，占专业总数 37.8%；艺术类专业 10 种，占专业总数 22.2%，专业结构日趋合理。学校 2016 年成为重庆市硕士专业学位研究生教育培育试点单位，也是重庆市迄今唯一一所立项建设的民办高校，重点建设法律硕士、电子信息硕士等项目。学校现有视觉传达与设计、机械设计制造及其自动化、计算机科学与技术、软件工程 4 个重庆市级特色专业，广播电视编导 1 个重庆市首批一流专业培育项目，戏剧与影视学 1 个重庆市高等学校市级重点培育学科，其中视觉传达与设计专业于 2017 年通过市教委验收并获专家好评。目前，学校教师教育类、信息通信技术类、机械类、设计学类、艺术类等专业群框架和特色初步形成。

表 3-1　重庆人文科技学院专业调整一览表

年份	新增专业	停招专业	招生专业数	备注
2012 年	工程管理、学前教育、微电子科学与工程、农村区域发展	教育技术学、绘画、戏剧影视美术设计、戏剧影视文学、导演、雕塑	31 种	停招 29 个专科专业，申请撤销教育技术学、戏剧影视文学、导演、雕塑等 4 种本科专业
2013 年	物流管理、服装与服饰设计、视觉传达设计、环境设计、护理（专科）		34 种	艺术设计调整为服装与服饰设计、视觉传达设计、环境设计
2014 年	酒店管理、风景园林	微电子科学与工程、社会工作	34 种	

续表

年份	新增专业	停招专业	招生专业数	备注
2015年	机械电子工程、软件工程、建筑学	农村区域发展	36种	
2016年	网络工程		37种	申请撤销社会工作、微电子科学与工程、戏剧影视美术设计、绘画等4个本科专业
2017年	新能源科学与工程、物联网工程、通信工程、社会体育指导与管理		41种	
2018年	金融工程、车辆工程	公共事业管理	42种	
2019年	数据科学与大数据技术、护理学	网络工程	41种	新增专业暂未招生

信息来源：学校历年招生计划表。

三、“敢探未开化边疆”的特色人才培养项目

作为新兴的民办高校，其机制的灵活性，可以让它在特色人才培养方面进行大胆的创新型探索。正如陶行知在《普及现代生活教育之路》中所说：“守旧的头脑，是一切进步的大障碍。”①民办教育更“要有开辟精神。……一定要有单骑匹马勇往无前的气

① 陶行知. 陶行知全集(第3卷)[M]. 四川教育出版社，2005:223.

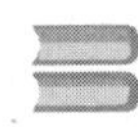

概……要有试验的精神……要晓得上头的命令，只不过举其大端，其中详细的情形，必定要我们去试验。”[①]重庆人文科技学院的创始人和管理者，正如陶行知在《第一流的教育家》中说的，可算是“敢探未发明的新理”“敢入未开化的边疆”的第一流的人物，是“想自立，想进步，就须胆量放大，将试验精神，向那未发明的新理贯射过去；不怕辛苦，不怕疲倦，不怕障碍，不怕失败，一心要把那教育的奥秘新理，一个个的发现出来”[②]的创新人物，是“放大胆量，单身匹马，大刀阔斧，做个边疆教育的先锋，把那边疆的门户，一扇一扇的都给它打开”[③]的具有创造精神和开辟精神的任教者。他们敢于开拓创新，不断创造着未开化边疆的教育领地，不断创新发展特色人才培养项目。

一是抓好“陶行知教育思想实验学校”的建设。早在2011年，重庆人文科技学院向中国陶行知研究会申报了《构建“立陶创特”模式，创立“现代育才新学”》课题并被批准（项目编号：ZTKZ－2011－019）。在课题研究中结合“陶行知教育思想实验学校”的建设，在全校开设了“陶行知教育思想新论”公共选修课，编写了公选课校本试用教材《陶行知教育思想新论》、试用参考教材《陶行知论教育精选读本》、口袋书《陶行知教育思想名言录》等，这样较好地解决了实施立陶战略在校内对陶学的理论需求。在贯彻陶行知“三共”（共学、共做、共修养）教育思想的指导下，实行“即知即传人”的小先生制教学法，初步尝试了自主、合作、民主的教学模式，让学生能基本把握“陶学”精髓之核心。通过对公选课学陶之路的探索，在师生共学共生的“三进”中，选课学生大多寻找到了“12345”的人生导航坐标：“1”是做一个建设中国特色社会主义的合格公民，确立起“爱国、敬业、诚信、友善”的核心价值观；“2”是懂得中国教育史上获得“万世师表”称号的两大教育家的历

①陶行知. 陶行知全集（第1卷）[M]. 四川教育出版社，2005：271.

②陶行知. 陶行知全集（第1卷）[M]. 四川教育出版社，2005：21.

③陶行知. 陶行知全集（第1卷）[M]. 四川教育出版社，2005：22.

史贡献(即孔仲尼与陶行知);“3”是要研究与实践好陶行知“三个一”的哲学思想,即“行、知、创合一”,“教、学、做合一”,“真、善、美合一”;“4”是整个人生要以陶行知的“四不”要求严于律己,即筑起“富贵不能淫,贫贱不能移,威武不能屈,美人不能动”的人格长城;“5”是要树立“五个一”的人生观。一要追求一个目标:“为一大事来,做一大事去”①,树立具有远大理想的奋斗目标观。二要弘扬一种精神:“捧着一颗心来,不带半根草去”,树立具有奉献精神的人生价值观。三要坚守一个信念:“教人求真,学做真人”,树立具有真善美品格的求真务实观。四要用好一种方法:“教、学、做合一”,树立具有勇于创造的实践第一观。五要保持一种心态:“爱满天下,大爱育人”,树立具有大爱无疆的助人为乐观。在开设公选课的同时,遴选了文新院、音乐学院、美术学院、理工学院四个实验单位先试先行,开展“行知文化大讲堂”的全员化、校本化、时代化大讲用实验工程;全校选取一至三位优秀教师开展“教学做合一”的教法改革实验工程,在专业课中结合课程宣传陶行知教育思想与精神;选取一至三位优秀辅导员开展一至三个班级的“真人教育”的系统实验工程,积极开展行知教育思想与精神的宣讲和普及教育,让陶行知精神和教育思想进教材、进课堂、进活动、进生活、进头脑,让陶行知“生活教育”思想发扬光大,让“立陶创特”成为学校重要的办学方针和办学特色。

二是成为硕士专业学位研究生教育培育试点单位。根据提升应用型人才培养战略发展需要,学校制定了工作方案、协调上级部门,寻求联合培养行业企业、设立专项项目、邀请专家论证人才培养方案和项目材料,打造了工程(计算机技术领域)和法律(公共法律服务方向)两个专业学位类别作为“十三五”期间硕士专业学位研究生教育重点培育项目。经过重庆市教委组织的专家评审,学校已获批为培育试点单位。2016 年 5 月 4 日,重庆市

① 华中师范学院教育科学研究所.陶行知全集(第 4 卷)[M].湖南教育出版社,1985:27.

教委正式批复，同意我校为硕士专业学位研究生教育培育试点单位，并将我校纳入重庆市硕士专业学位研究生教育发展规划，重点培育工程硕士(计算机技术领域)和法律硕士。

三是成功申报“3＋4”中职与高等教育人才培养改革试点项目。为完善职业教育人才多样化成长渠道，服务重庆建设对技术技能型人才的需求，构建人才成长“立交桥”，学校调研行业需求，结合中职学校的人才培养特点制定了“3＋4”分段人才培养方案。与公办本科学校竞争重庆 19 所国家示范中职学校的合作机会，我校与北碚职教中心合作开展的机械设计制造及其自动化专业培养试点项目申报成功。经市教委批准，2016 年计划招生 40 名。为我校进一步推进课程体系衔接，着力提高人才培养质量起到了重要作用。

四是成功开设 ACCA 会计特色班。学校设立了与香港能仁学院联合培养会计学 ACCA 特色班合作项目办公室，组织了宣传会 4 场、推介会 2 场，较好地介绍和推广了 ACCA 项目；制定了单独的培养方案，选取了学历教育加应试教育培养模式，并用双语进行教学；配备了单独的辅导员和专业导师；推进了工商学院会计专业改革，探索了高端会计人才培养的教育教学规律。2016 年 9 月该项目正式开班授课。

五是探索国际合作办学项目。作为“中美应用技术教育‘双百’合作计划”首批 12 所试点院校之一，学校参与了教育部规划建设发展中心发起和组织的与美国社区大学联盟所属应用技术大学合作办学项目，首批在大数据、现代制造、艺术设计、护理、教育、法律等 6 专业(方向)启动“2＋2”双本科、“3＋1＋1”本硕连读项目，对学校转型发展中的专业建设、课程建设、师资培养和人才培养均起到了综合提升的作用。学校与香港高校合作实施“3＋1”本科交换生项目，修完香港高校课程获得“学分证书”的学生，可以参加“特许公认会计师公会(ACCA)”“香港人力资源管理学会(HKIHRM)”“香港银行学会(AHKIB)”专业资格证书的考试，不断拓展学生自身和职业发展的空间。

第二节　事情怎么做:应用型人才培养模式实践

转设以来,重庆人文科技学院树立以学生为中心、以就业为导向的人才培养理念,以培养具有创新精神和创业意识的应用型人才为目标,以优化课程体系、合理分配课堂教学和实践教学比重为核心,始终坚持走产学研合作育人之路,着力落实校企合作、产教融合人才培养模式改革,积极推进教育教学方式方法改革,强化知识应用能力、实践动手能力、职业适应能力、创新创业能力的培养,不断提高人才培养质量。

一、"理论+实践+素质"应用型人才培养模式

陶行知一直反对读死书、死读书的书呆子教育,坚持做上学、做上教的"教学做合一"的教育理念,在各种教育工作中不断推进试验主义的改革,努力培养具有"生利"能力的改造社会的实用人才。他在《今后教育上基本问题之讨论》中认为:"今日之教育,为拉青年出社会,与实际生活分离,而非引青年入社会,以解决其本身及社会一切问题;为提高青年生活之欲望,走入奢靡无能无用之绝境,而非导青年走入生产与建设之坦途。"[1]"故今日教育之任务……在于授予人民以实际适合生存之学识与技术,使个人能持以为生,国家与社会能赖以进入建设与进化之途。"[2]教育应该是新的、活的、应用的,教育的使命应该"为生产为建设为创造,应使每一青年都能发挥其聪明才力"[3]。学校智育的标准就是要培养学生的应用能力,智育的方法就是试验,是事情怎么做就怎么

①陶行知. 陶行知全集(第 11 卷)[M]. 四川教育出版社,2005:298.

②陶行知. 陶行知全集(第 11 卷)[M]. 四川教育出版社,2005:297.

③陶行知. 陶行知全集(第 11 卷)[M]. 四川教育出版社,2005:456.

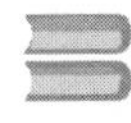

教、怎么学，是要让书本做生活的助力，让学生和人民万物亲近，造就会用脑指挥手、手开动脑的人。这个过程就是将理论与实践结合，不断提高学生素质的过程。

重庆人文科技学院始终坚持继承和发扬陶行知"教学做合一""生活即教育""社会即学校"的教育思想，以向应用型大学转型发展为契机，在选择10个本科专业转型发展试点改革的基础上，主动适应国家和重庆市"十三五"规划战略发展方向，着力探索服务地方经济社会发展的应用型人才培养的模式改革，构建产业行业发展与专业建设融合、行业实践与教学实践融合、行业技术与教学艺术融合、行业企业管理与教学管理融合的协同育人方式贯穿人才培养的全过程，逐渐形成了"理论＋实践＋素质"的应用型人才培养模式。

第一，专业理论教育紧跟产业行业发展。通过开展地方产业行业发展调研、职业岗位调研和毕业生跟踪调研等，从行业中凝练岗位能力，把产业行业发展对人才的需求及其发展要求融入到专业人才培养方案的制定中，共同整合专业主干课和核心课程，融入企业的新技术，针对行业特色与发展需求，与企业联合开发模块化课程，实现学院专业理论教育紧跟重庆经济发展紧缺人才的关键专业方向，打造完备的、具有特色的专业理论课程群。

第二，打造多维融合的实践教学体系。一是实验实训、集中实践和思想政治理论课实践教学三维融合，不断加强实践教学体系、内容、条件、方法的改革，不断加强实践教学管理，提高实验实训、实习和毕业设计(论文)质量，提高学生专业基本技能。二是学校与行业企业产学研融合，以校企紧密合作为基础，建立校内外实训基地，开展项目实践、工程实训、社会服务、毕业实习等专业教学实践课程，让学生在"实践中学习，在学习中实践"，实现校企合作实践育人。三是课程与项目融合，以课程建设为载体，推进实施项目带动融"教、学、做"为一体的教学方法，根据行业真实技术和流程构建知识教育体系、技术技能训练体系和实验实训环境，按照企业的技术水平，实行校企共同建设实训平台和创新基地，同时在人才培养方案设计、专业课程实训教学、项目实践、工程实训等关键教学环节，融入企业管理要求，明确双方管理职责，构建校企实践共同体，把企业的管理与学校的教学管理融合在一起。

第三，探索多元化的素质提升途径。学院注重在第一课堂专业学习的基础上，通过学生社团、学工组织、志愿服务等多种平台，打造行知大讲堂、读书活动月、社团活动月、民族节、心理健康活动月、文明寝室创建、全民健身活动、校园歌手大赛、暑期“三下乡”社会实践、各种专业竞赛等丰富多彩的第二课堂、第三课堂活动，培养学生责任、组织、协调、写作、表达等多方面的素质，有效地夯实了学生发展的基础。

在人才培养转型发展中，以视觉传达与设计、机械设计制造及其自动化、软件工程、学前教育、会计学等专业的人才培养模式改革颇具特色。

视觉传达与设计专业是市级特色专业。该专业按照“校企联合、优势互补、产学互动、互利双赢”的原则，建立“校企同行、产学融通”的人才培养模式及运行机制，人才培育由单一的教育模式转向多维实践教育模式：整个专业从人才培养模式、课程与教学、实践环节等关键层面进行科学设计，强调职业教育特征，坚持面向社会和行业及企业需求；专业培养目标坚持应用性和实践性导向；突出学生为主体、教师为主导的教学理念；通过开放性实践课程提高学生基本素质和专业技能；突出学生的可持续发展的创新与创业能力培养。

机械设计制造及其自动化专业也是市级特色专业。该专业根据学校人才培养定位和学生生源质量，通过对企业实习学生、历届毕业生、用人单位进行问卷调查，专业建设团队走访企业，了解人才需求和岗位能力要求。通过与其他高校同类专业的学习交流，错位竞争，立足于培养服务重庆“6＋1”支柱产业中的汽车摩托车产业、装备制造业的机械制造工艺师人才。该专业基本实现“在校学生进现场，专业教师入企业，职业教育进课堂”，实施

“三级递进，岗位对接”的人才培养模式，即基于专业教育、职业技能教育和企业岗位教育三结合的“三级递进式”人才培养，有效地将整个专业课程融合转换成为岗位工作能力。目前执行的2016版人才培养方案根据制造产业升级发展、企业岗位对人才能力的需求以及计算机新技术在企业中广泛应用，突出岗位能力需求，增加“特种加工技术与先进制造技术”“计算机辅助制造”“机电一体化”等智能制造类的课程，优化了课程设置；以培养学生工程能力为核心，进一步加大实验实训课程比例，除13门课程实验外，还新设置2门独立的实验课程；加大了理论课程中的实践内容，同时利用信息化教学手段进行教学方法的改革；在原有实验课程中，改革实验项目，增加设计性、综合性和创新型的实验；实践教学贯穿大学4年的全程教学，从第2学期开始设置实训一直到第7、第8学期的毕业设计，保证实训不断线，以培养学生的实践能力、创新精神和机械制造工艺师的岗位素质、社会适应能力，使学生做到知行合一。

软件工程专业作为市级特色专业，着力构建“双主体、四对接、五共同”育人机制，优化人才培养体系。“双主体”即学校和行业企业两个主体。“四对接”指根据产业发展需求调整专业方向设置，实现了专业与产业对接；根据产业转型升级对职业标准提出的新要求，实现了专业课程内容与职业标准对接；强化工学结合，实现了教学过程与生产过程对接；大力推行“双证书”制度，实现实践教学培养与岗位技能需求对接。“五共同”指校企成立了教学指导委员会，实现共同制定人才培养方案，共同建设校内外实习实训基地，共同打造教学队伍，共同实施教学过程，共同开展教学评价和共同制定管理制度。

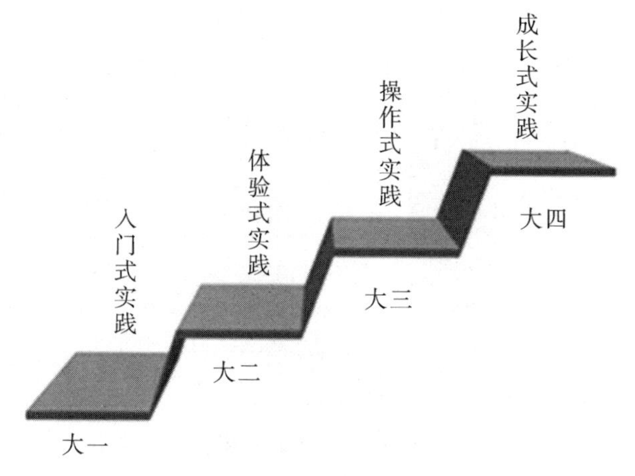

图 3-1 四级阶梯图

学前教育专业围绕“学生为本，实践取向，专业发展”三大核心原则，以增强质量意识，树立素质教育、创新教育和个性化教育观念为指导，以培养创新精神和实践能力为重点，把更新和完善具有先进性、思想性、科学性的教学内容作为难点予以突破，注重“实践性理念”“实践性能力”与“实践性人才”三位一体的人才培养模式，形成学前教育专业的“重实践、多才艺、强素质”的人才培养特色。实践性教学理念就是“123 字”，即 1 字是指学前教育姓“幼”，2 字是指人才培养指向“应用”，3 字是指办学特色体现“实践性”。在“实践性教学理念”指导下，采取“四级阶梯”“五条路径”“六面实践”，通过“七种方式”“八项创新”，培养体现“九大效果”的知行合一的高素质幼教专业实践性人才。

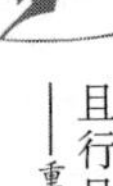

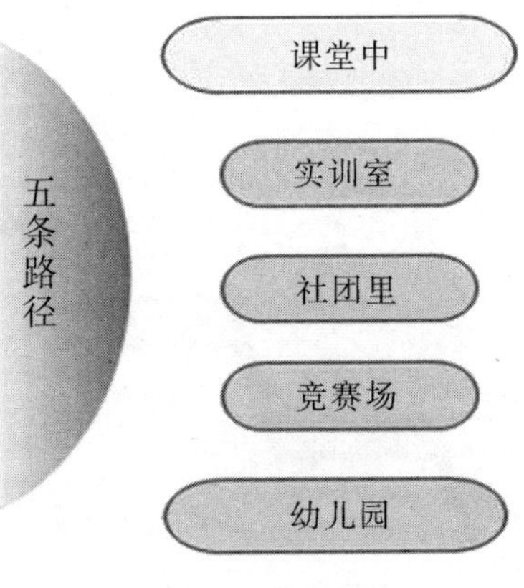

图 3-2　五条路径图

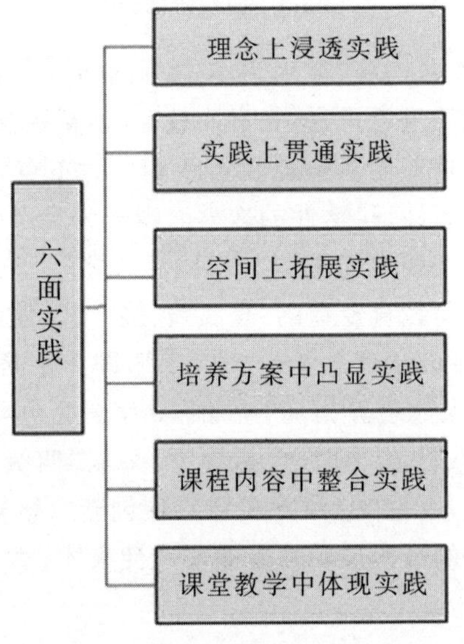

图 3-3　六面实践图

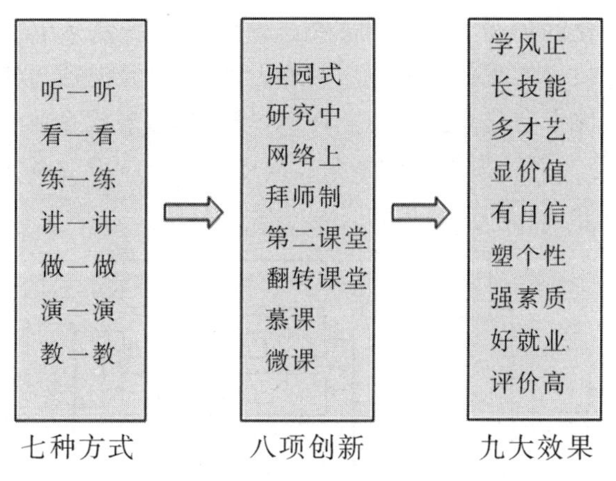

图 3-4 知行合一人才培养

会计的实践性决定了教学做一体化是应用型会计人才培养模式的最优选择。通过教学做一体化,理论教学与实践教学相结合、课堂教学与模拟教学相结合,会计教学与会计实务相衔接,有助于促进学生专业思维的形成,培养学生的专业核心能力。具体包括:创新"本科学历教育和职业胜任能力相结合"的培养途径,适度引入职业资格证书考试内容,鼓励并帮助学生在常规学历教育中取得职业资格证书,完成"毕业就业一站式"培养,缩短毕业后适应工作要求的过渡期。准确把握会计专业人才必备的职业能力,建立以会计工作岗位为导向的模块实践,设计合理有效的实践课程体系,优化实践教学内容。将相关行业中各岗位上下游之间的业务有机地串联起来,引入企业经营模拟沙盘实训,构建实现融职业认知、职业判断、业务处理、实务操作为一体的会计实践教学体系。建设长期稳定的与会计实践环节相适应的校外实习基地和校内仿真商业环境,强化校企、校政联合,探索校内外课堂建设。改革单一主体和一元化的教学考核、评价机制,实施以过程性考核与终结性考核相结合、理论考试与实践能力考核相结合、校内考试与校外社会实践相结合的教学评价模式,重视会计工作过程的评价和职业判断能力、综合素质的评价;实行学校与

行业多元化的评价主体，共同参与评价实施。使学生形成全方位、系统性、立体化的知识应用和能力训练，并及时通过实验室同步教学软件平台建立虚拟职业环境，培养具有现代企业经营管理知识，适应经济转型期应用型会计人才。会计学专业教学做一体化人才培养模式如图 3-5 所示：

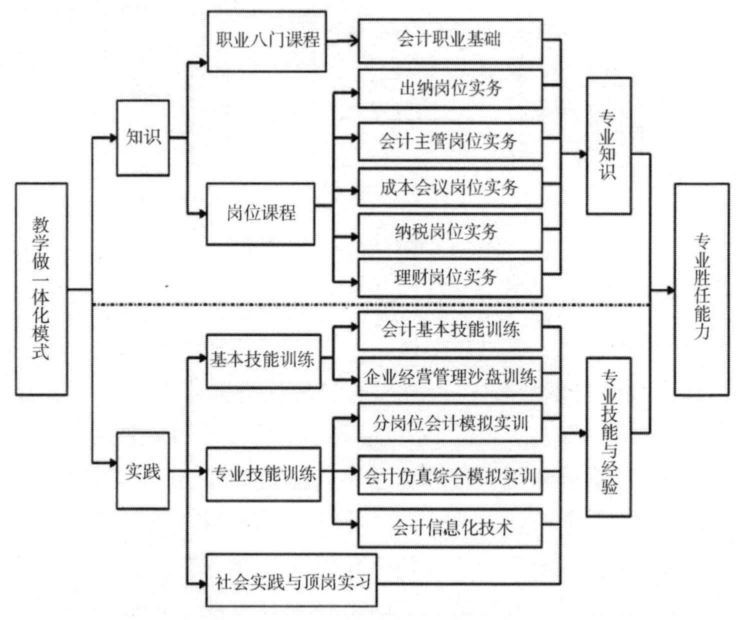

图 3-5　会计学专业教学做一体化人才培养模式图

二、能力本位的课程体系

课程体系是由课程组成的。课程是学生获取知识、能力、素质教育的主要载体，是学校教学和人才培养的核心单元，是人才培养模式创新的重心所在。在课程设置方面，陶行知在《新教育》中提出："这要从社会和个性两方面讲。从社会这面讲来，要问这课程是否合乎世界潮流，是否合乎共和精神。学了这课程之后，能否在中国的浙江，或是浙江的杭州，做一个有力的国民。更从个性的一面讲来，谁的事教谁，小孩子的事教小孩子，农人的事去教农人，方才能够适合。”[①]实际上是主张课程设置要共性和个性相结合，即他主张的“死”与“活”相结合，必修与任选相结合。“死”所强调的是基础必修课，如南京高师的教育科所开设的“死”课程有：科学常识、科学发展史、普通心理学、教育心理学、儿童心理学、实验心理学、心理学史、教育统计学、测验之编制与运用、哲学史、中国文化史、教育思潮等。[②]“活”课程指的是符合社会需要和新科学所开设的课程。创办社会大学时，课程分为每系的公共必修课、各系专业课和专题讲座三类。其课程设置的基本要求就是体现“我们没有课外的生活也没有生活外的课”[③]的生活教育思想，所以试验乡村师范的全部课程就是全部的生活，都是培养学生全部生活能力的课程，这些课程大约分为五大类：中心小学生活教学做，中心小学行政教学做，师范学校第一院院务教学做，征服天然环境教学做，改造社会环境教学做。其中暗含着生活、行政、院务、劳动等模块化课程体系的内涵。

重庆人文科技学院根据经济社会发展对人才的需求，按照应用型人才培养目标，按照技术发展趋势、生产服务技术水平、职业资格标准要求，更加注重与行业企业的合作，细化培养规格，调整课程体系，加强实践教学，强化知识应用能力、实践动手能力、职业适应能力、创新创业能力的培养，设置能够体现工学结合特点的优质核心课程，构建了以能力培养为本位的课程体系。

（一）构建岗位导向的模块化课程体系

陶行知先生提倡职业教育的课程设置应该以生利为主“按事施教”。他在《生利主义之职业教育》中提出：“职业学校之课程，应以一事之始终为一课。例如种豆，则种豆始终一切应行之手续

①陶行知．陶行知全集（第1卷）[M]．四川教育出版社，2005:271.

②董宝良．陶行知教育学说[M]．湖北教育出版社，1993:375.

③陶行知．陶行知全集（第1卷）[M]．四川教育出版社，2005:89.

为一课。每课有学理,有实习,二者联络无间,然后完一课即成一事。成一事再学一事,是谓升课。自易至难,从简入繁。所定诸课,皆以次学毕,是谓毕课。定课程者必使每课为一生利单位,俾学生毕一课,即生一利;毕百课则生百利,然后方无愧于职业之课程。"①重庆人文科技学院正是践行陶行知的职业课程设置理念,构建了岗位导向的模块化课程体系。

转设以后,学校朝着应用型大学转型发展,在广泛开展行业调研和专家咨询的基础上,紧密围绕办学定位和人才培养目标,以服务创新驱动发展为宗旨,以培养具有创新精神和创业意识的应用型人才为目标,按照"分类制定、凸显特色,实践导向、强化应用,坚持共性、发展个性,统筹协调、科学合理"的原则,注重知识、能力、素质协调发展,优化课程体系。在夯实学生基础理论的同时,突出学生实践能力和创新创业能力的培养,在 2016 版人才培养方案中搭建了"4+1"课程模块体系:非师范类专业设置 4 个课程模块,即"通识教育+专业教育+实践教育+创新创业教育",师范类专业增加"教师教育"模块。为适应学生全面发展和个性化成才的需求,各专业可以在专业教育上搭载若干方向模块,打造专业特色,实现分类培养。

通识教育课程由学校统一设置,其主要目的在于拓宽学生视野,综合提高德育、智育、体育、美育素质,为学生大学阶段的学习乃至终身学习奠定基础,分为通识必修课程和通识任选课程。通识任选课程分为人文社会科学类、自然科学类、艺体生活健康类、创新创业类等 4 类系列课程,目的在于拓展学生综合素质,培养学生的伦理道德和价值判断能力,训练科学的思维方式方法,培养学生的审美能力和创新创业能力。学生必须在 2—6 学期跨类修满 8 学分。

专业教育模块包括专业基础课、专业主干课、专业拓展课或方向模块课。专业基础课是为各专业学生掌握相关学科基本理

---

①陶行知.陶行知全集(第 1 卷)[M].四川教育出版社,2005:15-16.

论和基础性知识而设置，培养学生专业基本素养和学习能力。专业主干课是培养学生专业核心能力，体现专业培养目标，保证专业基本规格的课程，在各专业课程体系中居于根本性位置。其设置主要参照教育部学科教学指导委员会、《普通高等学校本科专业目录和专业介绍(2012)》有关要求，并参照相关专业评估与认证指标体系、社会与行业企业需求和学校办学定位来制定。专业拓展课是为拓展学生专业知识和技能，完善学生专业知识与技能体系而设置的系列课程。其目的在于使学生掌握专业知识和技能的同时，又熟练掌握与本专业密切联系的相关知识，从而成为“一专多能”的人才。本部分课程可根据实际需要设置必修课和选修课。方向模块课体现专业人才培养特色，是针对社会发展需求和学生就业创业需要而设置的。各专业可以紧贴市场需求，努力打造体现专业培养特色的方向模块课程。一个专业下可设置两个及以上方向模块。本部分课程可以根据实际需要设置必修课和选修课。

实践教学和创新创业教育模块是应用型人才培养的关键，后文专门分析，这里从略。

教师教育课程是专门为全校 8 个师范专业在学科专业教育的基础上设置培养学生教师职业素养的课程。为了使学校师范专业毕业生具有较强的教学实施、教学研究、教学管理的实践能力，教师教育课程分为教育理论、教学技能、教育实践(纳入实践教学环节)三部分，达 20 学分，占到总学分的 10%左右。其中教学技能课程达到 9 个学分，差不多占到教师教育课程的一半，凸显了师范类专业服务地方基础教育的应用型人才培养目标。

专业课程是最能体现专业特色的课程板块，各专业在广泛开展社会需求调研、论证的基础上，认真遴选，体现特色，突出应用，形成了各具特色的模块化课程体系。如市级特色专业视觉传达与设计专业为了让学生能够顺利对接实践项目，重新整合了设计基础创意训练类课程、形态设计训练课程、高年级的实践项目等课程，设置了创意思维训练课程、设计思维训练课程、表现能力训

练课程三大模块,而表现能力训练课程模块根据信息化背景下视觉传达与设计融入更多的动态元素、互动体验元素和数字化展示等信息,又细分为传统视觉设计模块、展示设计模块、动态影像模块和互动媒体模块,形成"真题真做真实现"的课程教学体系。另一市级特色专业机械设计制造及其自动化专业对原来零散、独立的旧专业课程进行调整、充实、整合和优化,设置为机械设计类、机械制造类和自动化类三个模块化专业课程,加强了学生培养的目的性,实现了课程体系与制造业岗位相对接、知识结构与工程标准相对接、课程内容与企业最新机械工艺技术相对接。

师范类专业如音乐学专业结合当前农村学校音乐教育的需要,整合教育理论课、教育技能课为"音乐教育"课程群,把乐理、乐史方面的课程整合为"音乐理论"课程群,把器乐、舞蹈、伴奏方面的课程整合为"音乐技能"课程群。英语专业根据其阶段性和模块类型特征,充分考虑理论性与实践性、英语工具性与人文性、师范教育与专业教育协调发展的格局,同时能满足不同层次学生的学习需求,设置了"英语语言知识课＋英语技能训练＋专业拓展课＋教师教育课程"的课程群,在满足学生对知识的基本需求的情况下,拓展专业视野。汉语言文学专业以学生综合能力养成为根本,以能力训练为主线,大力改革传统史论性文学课程 11 门为 19 门"导读""精读""鉴赏"型课程,增设实践性强、训练感强、案例丰富的口语交际能力课程,分层次开设以文字处理能力培养为出发点的写作课程,细化传统教师教育课程而形成 23 门理论为基、技能为要、实践为主的课程,形成由"文本解读类""语言素养类""写作提升类""教师教育类"等四大课程群组成的专业课程体系。

非师范类专业如物流管理专业按照物流流程设置了"物流综合理论＋汽车物流＋保税物流＋专业实训"的课程群。法学专业基于实践性、应用型法学专业人才培养的时代需求,形成律师和法律事务、刑事司法和基层司法行政三大专业区分度高、就业导向鲜明的特色模块课程。旅游管理专业的课程体系设计总体上采用“一梯两化三结合”的基本模式，形成一条由易到难，由浅入深，由专至广的阶梯式学习路线的路线，实现课程设计内容嵌套化，选修弹性化的动态平衡，强调理论与实践（验）相结合、专业建设与行业发展相结合、学历证书与专业证书相结合的三结合的可用性、适用性与能用性课程模块。

（二）贯穿全程的创新创业课程体系构建与实践

从某种意义上说，陶行知全部的教育思想和一生的教育实践，都是在创造、在试验、在创新创业、在开辟未开化的边疆。在国家创新驱动发展战略和“互联网＋”的时代背景下，为了促进学生的个性发展，培养学生创新精神、创业意识和创业能力，学校践行陶行知“创我者生、仿我者死”的理念，高度重视创新创业教育工作，建立了创新创业学院，形成了“专业知识＋实践技能＋创新创业”的基本思路，将创新创业教育融入人才培养全过程，形成了以“课程体系—实训体系—孵化体系”为主要内容的生态体系。

1. 建立创新创业课程体系

学校打通理论与实践的通道，突破学院、专业界限，常态化开设创新创业类课程 40 余门次，主要包括《批判性思维与创新创业》《大学生创新创业基础》《大学生创业实务》《大学生职业规划与就业指导》《大数据发展趋势与营销应用》《创意性产品研究与设计》《电子商务及模拟实训》《品牌定位及营销战略》《酒店运营综合实训》等，修读学生 7000 余人次，实现在校学生创新创业类课程全覆盖，形成了“必修＋选修＋学科渗透”的创新创业课程体系。在 2016 版人才培养方案中设置 2 个创新创业实践学分，出台《大学生创新创业实践学分管理办法》，学生可以通过参加各级各类创业大赛、大学生创新创业训练计划项目、创办企业、入驻学校创业孵化园、参加活动、创业培训等创新创业相关活动获得学分。

2. 以活动为载体，提升创新创业能力

学校鼓励支持大学生创新创业实践，出台《大学生创新创业

训练计划实施办法》等，实施“学练赛”三步走分层级培养机制，通过开展创新创业大赛、大学生创新创业训练计划项目遴选比赛、众创空间项目入驻路演、商业融资路演、创业沙龙、创业活动周、创业项目会诊、企业家论坛、创业论坛、项目辅导、SYB创业培训等活动，发掘、培育、扶持一批高水平高层次创新创业团队。2016年，学校“社区智慧养老综合服务平台”等7个项目被确定为国家级大学生创新创业训练计划项目，3个项目被确定为重庆市级大学生创新创业训练计划项目。到2019年，获得国家级3项，重庆市级22项。同时，学校注重打造专业的教师队伍，学校党委副书记舒卫华、学生工作与就业处处长助理（创新创业学院院长助理）李卓兴、文学与新闻传播学院院长助理刘名学入选重庆市高校就业创业指导专家库，为创新创业指导奠定了良好的师资基础。

3. 以孵化基地为平台，服务创新创业实践

学校高度重视大学生创新创业“众创空间”建设工作，积极与地方政府、企业合作，按照线上与线下、校内与校外相结合的方式，构建了“一体两翼”的创业孵化格局，即以学校创业孵化基地为“主体”、线上孵化平台和校外孵化平台为“两翼”，形成了功能互补、层次推进且各具特点的孵化园区。学校在校内先后在春雨楼、百川广场建立创业孵化基地，打造“行知文化创意众创空间”，孵化面积达2100余平方米，能容纳60个大学生创业项目（企业），涵盖微企服务咨询、创业实训、创业孵化、项目路演和成果展示等多种功能，为在校学生提供一站式服务。近年来，学校创业孵化基地入驻大学生创业项目（企业）30余个，入驻孵化创业企业年保有量均在20家以上，每年新增项目10多个，为大学生创新创业实践提供了有效的服务保障和场地保障。学校先后成功获批重庆市众创空间、重庆市高校众创空间和合川区创新创业人才培训基地，孵化微型企业37家，“参差时尚移动衣橱”项目获得了70万元的天使基金，获得各类建设经费资助近100万元。

4. 以双创赛事为手段，培育创新创业团队

学校按照普及创新创业教育、培育创新创业精英、打造创新创业团队“金字塔”工作思路，实施“学练赛”分层级培养机制，让学生在实训、实战中提升创新创业能力，发掘、培育、扶持一批高水平、高层次创新创业团队，培育一批具有核心竞争力的高成长性源头企业（团队）。学校已连续举办6届大学生创新创业大赛，连续举办3届“互联网＋”大学生创新创业大赛，连续3年举办大学生创新创业训练计划项目，累计参赛团队（企业）万余个，优秀创新创业团队百余个。Crk－topia涂鸦工作室、期颐智慧养老平台、舌尖上的智慧—智慧农业综合服务平台等创新创业分获区县级、省市级、国家级奖励多次。2015级学生姚宗成的共捷创新创业团队，成立名捷科技有限公司，开发共捷共享打印机项目，学校提供扶持基金，开放免费场地，成功在渝内外多所高校入驻孵化。该项目在重庆市第六届大学生创新创业大赛中获二等奖，在第四届中国“互联网＋”大学生创新创业大赛中获铜奖，中央电视台创业英雄汇重庆站获前50强。

第三节　教学做合一：教学改革与实践体系建设

重庆人文科技学院是在高等教育大众化的背景下应运而生并发展壮大的。目前，中国高等教育已经从大众化向普及化发展，中国也在由中国制造向中国创造发展，国家对大学生的培养要求、社会对大学毕业生的能力需求都在发生变化。面对培养对象、培养需求的变化，学校坚持陶行知“教学做合一”的教育思想，“借重实验”不断“革新教育使有进步”，将“学理与实情符合，相辅而行”[①]，不断“用新的学理，新的方法，来改造学生的经验”[②]，在中陶会“探索‘立陶创特’模式，构建现代育才新学”的校本课题中选取6个二级学院的12个班级为实验对象，探究以做为中心的

①陶行知．陶行知全集（第1卷）［M］．四川教育出版社，2005：317．

②陶行知．陶行知全集（第1卷）［M］．四川教育出版社，2005：266．

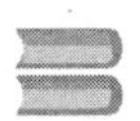

能力本位的高效活力课堂教学模式改革，坚持“学道尊严生为贵，以学定教做为先”的教改论，不断开展传统教授法改为教学法的实验行动，探索开展一系列的教学改革，不断加强实践体系建设。

一、“教学合一”的教学法改革

陶行知在从美国回国伊始，就洞察到传统教育问题的症结所在，认为教师只管向学生拼命灌输死的知识，学生只管囫囵吞枣地吸收，而“这种情形以大学为最坏。导师叫做教授，大家以被称教授为荣。他的方法叫做教授法，他好像是拿知识来赈济人的”[①]。对此，他提出将教授法改为教学法，并写了《教学合一》一文进行专门的论述，最终在任南京高师教务主任期间将学校全部课程的教学一律改为教学法，拉开了近代中国教育思想和教学方法改革的序幕。陶行知认为，先生的责任不在教，而在教学，而在教学生学，在教学生找方法解决问题；教的法子必须根据学的法子，怎样学就须怎样教；做先生的，应该一面教一面学，那好的先生，必定是一方面指导学生，一方面研究学问，而不是贩卖知识。[②] 这些论述，对今天的教学改革仍然具有振聋发聩的指导意义。

重庆人文科技学院的老师在教学过程中，结合陶行知的教学改革思想，在相关课程教学中不断探索教学方法改革实践，采用启发式、自动式、手脑并用式、教学做合一式的方法取代主观主义的、填鸭式的、被动式的教学方法，开展了项目化教学、任务驱动、案例教学、情景式教学、生活化教学等颇具特色的教学方法改革。下面以课程为例略举一二。

---

①陶行知. 陶行知全集(第 1 卷)[M]. 四川教育出版社，2005：106.

②方明. 陶行知教育名篇[M]. 教育科学出版社，2005：1－2.

（一）项目化教学

项目化教学按照以学生为中心、以教师为主导的教育理念，将整个项目分成若干个任务，在每次讲授新的主知识点前，提出这次需要完成的任务，指出涉及哪些主知识点，并进行教学示范与演示，让学生独立思考，最后布置项目，完成项目开发。在这个过程中，教师对项目进行分析、启发、引导，让学生从基础逐步深入学习，进而熟悉和掌握项目开发的全过程。这种教学方法，不仅让学生巩固了知识点，也提高了他们解决实际问题的能力。

如Java本身就是一门实践性很强的程序设计课程，因此，在课堂上以教师为主导，将一个项目贯穿整个教学过程，以学生为主体，按照教师的引导和项目的要求由浅入深地去完成一系列的任务，学生在学习中参与了项目实施的全过程，学生仿佛置身于真实的软件开发环境，这样就激发了学生的内心学习愿望，启动了学生的内在潜能，提高了学生的创新能力、分析和解决问题的能力[①]。以银行账户系统为案例，该项目涉及面向对象的程序设计基础外，还要用到继承、多态、接口、GUI、输入输出、多线程、网络程序设计等知识点，覆盖了Java课程的全部内容。绝大部分学生基本完成了课程项目，实现了项目要求的基本功能；更有少数学生出色地完成了项目，项目不仅功能齐全，而且界面美观。在当年组织的Java程序设计竞赛中，该班的获奖率也比同类班级高。在后续课程《J2EE》的学习中，学生学习轻松，积极参与教师布置的程序编写，表现出超越以往班级的软件开发能力。目前师生对该课程的评价良好。[②]

① 王飞雪. Java程序设计课程的项目化教学研究[J]. 电脑与信息技术，2016(2).

② 王飞雪. 基于项目式的《Java程序设计》课程改革实践[J]. 电脑与电信，2015(10).

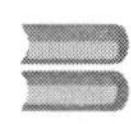

表 3-2　银行账户系统项目任务分解表

任务	知识点			
任务一、面向对象基础	账户、银行类的定义相关类的构造方法（有参和无参）的定义	账户类的存款、取款方法的定义、银行类的统计账户方法	账户类的完全封装	变量、数组的定义
任务二、继承	普通账户、信用账户继承账户类	用户开户、登录、存款、取款、透支额度方法的定义		
任务三、修饰符	改写存款、取款方法	存款、取款方法不允许子类修改		
任务四、接口	从两种账户抽象出贷款账户接口	贷款、还贷、获取用户贷款总额等抽象方法		
任务五、信合	改写银行类采用集合方式来管理多个 Account 对象	Account 类及其子类 toString 方法和 equals 方法		
任务六、异常处理	父类异常类及其三个子类的定义和处理	取钱的时候余额不足	用户登录异常	贷款额不能为负
任务七、GUI	用户界面的添加	用户主界面、主界面、用户登录界面、开户的界面、显示账户界面	布局管理器的应用	
任务八、I/O	读取文件、更新文件			

而在《视觉传达设计》的教学中，教师根据数字新媒体时代下对学生的动手操作能力和实践能力具有更高要求的背景，改变传

统的讲授法，在教学方法上进行颠覆性的创新，以适应数字新媒体时代的发展趋势。教师认为，项目教学法是如今数字新媒体时代视觉传达设计专业的最好教学方式。首先，充分发挥教师的引导作用，使学生成为课堂的主体，让学生积极参与教学活动，把学习的重点过渡到学生主动去学习知识上来，让学生针对性地学习以弥补自己的不足。其次，为学生设定合适的学习任务。在学生围绕学习任务进行探讨学习时，可以让学生之间充分交流，在探讨中解决问题，提高学生的创新能力和解决问题的能力。最后，在围绕典型案例进行学习结束后，教师要对学生的学习工作充分点评，让学生对每次任务进行总结反思，更好地整合学生的技术能力与理论知识，提高学生的实践能力与应用理论技术的能力。[①] 通过围绕具体的项目进行教学，不仅能够让教学更加具有针对性，还可以营造良好的情景模式，让学生能够实现情景模拟教学，让学生的动手操作能力与理论知识相结合。

（二）任务驱动教学

任务驱动式教学方法是一种建立在建构主义学习理论基础上的教学方法，它将传授知识为主的传统教学转变为以解决问题、完成任务为主的多维行动式的教学。它在研究教学大纲、教材和教学对象的基础上，选择实际工作中的一个或多个有特点的“任务”，通过对该“任务”的解决过程，把相关的知识组合进行教学。其突出特点是目标明确，过程生动，直观性强，实践性强。任务驱动式教学方法符合人类认知规律，注重以学生为主体，在培养学生专业能力的同时，提高了学生的通用能力。如《网页设计与制作》课程具有操作性强、实践应用性强、原理性相对较弱的特点，而且知识结构关联性不强，如果采用传统的一味讲授知识点的教学方法，不利于学生的学习。因此，教师在教学过程中尝试

①罗森．数字新媒体时代视觉传达设计教学方法的思考与探索——以重庆人文科技学院视觉传达专业为例[J]．课程教育研究，2019(41)．

使用“任务驱动”教学。根据课程的教学大纲、教学内容，先设计一个总任务，再根据循序渐进的原则，组织子任务的教学顺序。把总任务分解成若干分任务，再分解成不同的子任务，子任务再分解成步骤。划分的界限完全根据实际来定。通常以子任务作为教学单位，按如下层次划分：总任务→分任务→子任务→步骤。例如，要求学生设计一个“我的家乡”主题网页，这个总任务可分解成制作导航条、动画制作、图片处理、版面布局等几个任务。

（三）案例教学

案例教学是将案例应用于教学，通过教师讲授，组织学生围绕教学案例，综合运用所学知识与方法对其进行分析、推理，并在师生、同学间进行讨论和交流，提出解决问题的方案，撰写案例分析报告，教师归纳总结等过程来实现教学目的的一种实践性教学形式。案例教学是一种具有启发性、实践性，能提高学生决策能力和综合素质的一种新型的教学方法。案例教学能改变学生被动、消极地接受知识的状况，通过让学生自己分析问题和解决问题，培养学生独立思考、综合分析、解决问题的能力。如《成本会计》课程中，教师在讲解成本对企业的意义时，通过案例导出，让学生针对案例提出自己对成本的理解，并通过对案例的分析，从而达到从不同角度认识成本的目的。案例教学中的教学案例必须提出一定的问题，即思考题。思考题由浅入深，引导学生顺着教师的思路去思考问题，启发学生独立思考的能力，从而达到教学目的。《计算机辅助设计》打破教师讲、学生听的传统教学方法，不单独讲解课本知识内容，而是把它融入到设计实例中，围绕案例进行学习，使学生了解企业产品、了解目标受众，否则就容易产生滞后性，专业学习单凭辅助设计手段来表达作品主题，作品就难有创意，只有遵循设计规律，坚持以社会需求为中心，才能创作出符合时代要求的作品。通过计算机辅助设计与设计实践案例相结合，计算机课程与专业课程相结合，与社会实践相结合，不仅可以培养学生健康的审美情趣，树立正确的审美，也可以帮助学生熟练掌握软件应用技术，提高他们动手操作能力和专业综合素养。《网页设计与制作》课程打破了以教材为中心的传统教学模式。采用分析各种实例来开展教学活动的教学方法，在教师的精心策划和指导下，运用典型实例将学生带入特定教学情境，通过学生的独立思考或集体协作，从实例中获取知识、掌握技能、提升能力。以精心选出的一些网页实例为中心，把学习的重点放在具体网页实例的制作上，通过摸索、实践得出结论，将软件的知识点、网页设计的经验、技巧等诸多因素融入网页例子的实例教学，可以使学生在教学中获取较大的自主权。在应用中学习，让学生在网页实例制作的过程中，熟练掌握操作软件。而在实例的分析讲解中，由于实例来自知识的延续，是发生在学生实际生活中的事情，以后学生在网页实例制作的过程中，就能从实际常见的网页设计作品出发，设想各种网页设计和布局的方案，为今后的进一步学习和工作打下一个良好的基础。

（四）情景式教学

在钢琴教学中，音乐学院的老师研究发现，目前很多高校钢琴专业学生弹奏的音乐缺乏一定的表现力与生命力，不能从内心触动听众。有些学生只是机械地将音乐弹奏出来，没有融入自己的感情，导致音乐的感染力大大下降。究其原因在于学生未充分理解与体会所弹奏音乐的内涵，为此，教师有必要利用情景教学法，让学生深层次理解弹奏作品的艺术价值和情感。例如，在讲解门德尔松的《春之歌》时，教师应首先给学生讲解作品表达的思想感情，即其主要表达作曲家对春天的赞美之情，如恰巧正值春意盎然的春季，教师可引导学生观察教室窗外的春天景色，而后用钢琴弹奏《春之歌》，使学生在欣赏春景的同时聆听钢琴音乐。这种情景式教学可使学生从内心感触弹奏作品的真谛，领悟钢琴音乐的艺术之美，从而更加主动地学习钢琴知识。

（五）生活化教学

在《高等数学》教学中，教师依据生活离不开数学、数学离不开生活、数学知识源于生活而最终服务于生活的“数学生活化”理念，引导学生善于捕捉书本信息，获取、积累生活中的数学知识，从课堂教学入手，以“生活化”呈现教学内容，把生活经验数学化，促使学生主动探究知识。主要措施有：(1)课堂教学生活化：导入生活化，教授生活化，作业布置生活化。在教学过程中，从学生的生活经验和已有体验出发，将数学活动置于真实的生活背景中，营造一种现实而有吸引力的学习背景，提供给学生充分进行数学活动和交流的机会，运用直观语言、实物演示、游戏活动、多媒体教学、实践活动等教学方法和手段来模拟、再现和创设生活情境，寓生活中的数学问题于教学全过程，沟通数学与生活的联系，让学生经历“生活—数学—生活”的数学学习过程，建立一种开放的、与生活相结合的、生动的课堂教学模式。(2)课外生活问题数学化。“实践活动”重视数学的现实背景，拉近数学与人、数学与自然的距离，沟通了数学与生活的联系。基于这一理念，每周开设数学综合实践活动课，对课内知识进行适当的延伸与拓展。引导学生观察现实生活中的数学现象，感受数学知识在现实生活中的广泛应用，使学生进一步认识数学的现实意义。

二、“教学做合一”的教学模式探索

教学模式是在一定教学思想或教学理论指导下，在实践中形成的相对稳定的教学活动的结构和方式。包括教学方法、教学手段、考核方法、教学组织过程、教学逻辑思维方式、各个教学环节的安排方式等。不同的课程应有不同的教学模式，不同的老师应有不同的教学模式，每个优秀的老师一般都有自己独特的教学模式。陶行知在《思想的母亲》中认为：“行动生困难，困难生疑问，疑问生假设，假设生试验，试验生断语，断语又生了行动，如此演进于无穷。”[①]这实际上是一种引导学生进行试验而进行教学做合一的教学模式。通过教学做合一的试验主义模式，可以让人知道一件事是什么样、知道它为什么会变成这样、知道为什么从这样变成那样，从而探知识之来源，将应用作为知识的归宿。

重庆人文科技学院的专业教师在课程教学活动中，践行陶行知“教学做合一”教育思想，手脑并用，勇于探索，敢入未开化的边疆，探索出各具特色的教学模式。

（一）基于在线资源的网络辅助教学模式改革

在“互联网＋”“智能＋”背景下，信息技术与课程建设深度融合已经成为教育发展不可抗拒的潮流。学校高度重视教育信息化引领的教学模式改革，先后出台《在线开放课程建设与应用管理办法（暂行）》《在线开放课程建设与应用实施细则（暂行）》《“一流课程”建设实施方案（暂行）》等文件，坚持开放共享、重在应用的原则，建设质量高、共享范围广、应用效果好、示范引领性强的在线开放课程，目前已经建设完成《批判性思维》《生活中的语言学》《带上文化去旅行》等 17 门在线开放课程，有 6 门被认定为重庆市精品在线开放课程，4 门被确定为市级首批重点培育课程，何向东负责的《批判性思维》、赵静负责的《带上文化去旅行》被评为月度在线名课，段茂升负责的《生活中的语言学》教学团队被评为月度最佳在线教学团队。

以在线开放课程为载体，学校坚持特色、共享、应用、创新的原则，推进信息技术与课堂教学的融合，探索翻转课堂、混合式等多种新的教学模式改革。如《软件工程》利用校级在线开放课程《程序设计基础》《大数据分析及应用》的 MOOC 资源，不断推广混合式教学、翻转课堂等教学模式，建立了一套完整的集课堂教学、课程设计、实验实训为一体的网络教学平台和课程资源库，为广大师生提供免费的优质教学资源，并充分利用教学资源，把课

---

① 陶行知．陶行知全集（第 2 卷）[M]．四川教育出版社，2005：114．

程教学与课程设计有机结合，把课程设计与工程项目有机结合，以提高学生的认知能力、提高学生工程设计能力。《批判性思维与创新创业》利用在线开放课程《批判性思维》、《现代汉语》《语言学概论》《古代汉语》利用在线开放课程《生活中的语言学》，尝试开展线上线下混合式教学。《大学英语读写教程》则探索借助网络平台作为辅助教学配套的教学模式。学生在课堂上获取知识后，教师在平台上布置相关作业供学生在线完成或者布置讨论话题供学生在线互动讨论。教师还可以上传测试题让学生在规定时间内完成。学生在传统课堂和自主学习平台上同时完成课程任务，方可拿到该门课程的学分。

（二）"理论—实践一体化"教学模式改革

"理论—实践一体化"教学模式改革主要针对内容多、内容难度大且学时少的部分课程，将理论课程教学由教室改到实验实训室，实行理论教学与仿真教学及实验相结合的方式。这种模式不是简单地把理论课和实验课合二为一，而是根据课程特点，实现理论与实践的相辅相成。学生每一步实践操作都以理论为指导，在实践的基础上升华理论。如《数控加工技术》课程，教师首先利用多媒体进行理论教学，比如，在讲完某一指令时，教师先不去完成这个操作，而是引导学生借助仿真软件，对数控机床的操作界面、编程、加工等过程进行模拟训练，当然这样会增加学生的学习难度，但是，在教师的引导下每个学生都会积极思考，或与周围其他同学一起讨论，学习氛围非常活跃，然后教师再对指令给予完整的操作。在这个过程中，培养了学生的独立思考能力，也加深了学生对指令的运用和理解。最后再安排学生到实验室结合一定的"任务"在数控机床上完成编程、操作等全部内容，并加工出符合要求的样品。[①] 改革后的教学模式，有利于学生对理论知识

---

①强华、肖定寿.《数控加工技术》课程教学改革与实践[J].西南师范大学学报(自然科学版),2016(6).

的理解和掌握，也有利于学生实践技能的提升，所培养的学生能更好地满足社会对人才的需求。《大学计算机基础》①则采取进入机房以学生为中心的教学，教师在教学过程中充当导师的角色，承担对学生的理论引导和实践指导的工作。课堂上，在学生完成课前任务的基础上深入理论学习并逐步解答课前的扩展思考题，让学生在学到知识后立即动手实践。

（三）课堂与校媒合一的教学模式改革

新闻学专业立足于学生新闻报道实践能力低下的现实背景，针对新闻专业"课堂训授＋课外实践"传统教学模式的弊端，以建构主义学习理论和陶行知"教学做合一"教学方法论为指导，在《社会新闻采写实务》《广播电视学》等课程教学中实施课堂与校园媒体合一的教学模式改革，初步验证了新闻专业课堂教学与校媒采编活动同步结合的可行性，认为"课堂与校媒合一"是新闻专业能力培养效率更高、值得探索的教学模式。《社会新闻采写实务》将文新院院报《文渊阁》的日常采编活动搬进实验班的课堂教学，采编会与课堂浑然一体。学生以记者、编辑或实习记者的身份采编《文渊阁》所需校园社会新闻稿件，在教师的直接指导下，通过真实的校园新闻报道活动学习该课程。强调情境真实、任务真实、同步指导。真实的报道活动成为紧密联系教学双方的纽带，活动中随机涌现的问题和材料成为师生共同讨论、讲解的触发点，将书本知识置于共享的经验熔炉，在经验中建构属于学生自己的知识。《广播电视学》则在每节课前设置 5—10 分钟左右的"广播电视热点报告"环节，由学生主发言，与教师和其他同学就最新话题互动，提升学生兴趣点；针对"广播电视新闻节目"的教学，要求学生分组制作 10 分钟左右的"校园新闻"，从前期策划与准备，到单条新闻的采编，再到最后的合成，让学生体验全流程

---

①胡刚林.基于应用技术型人才培养的"大学计算机基础"教学改革[J].电脑知识与技术,2019(8).

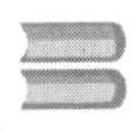

新闻作业。增加“广播电视案例评析”“广播电视节目选评”“广播电视影像观摩”等环节。平时的实践作业需要全体学生参与，根据课程内容的推进，力争让所有学生至少“作一次报告”、“写一次稿”（且学会“两个平台发稿”）、“出一次镜”，打造新闻专业学生在新媒体环境下的核心竞争力；中期及期末的实践作业由学生自主组成团队完成，从策划到作业成品，需要团队的分工协作，使学生把学到的阶段性理论知识和积累的实践经验运用到作品的呈现中，并将作品在课堂上进行展示，在新媒体平台上发布传播；期末理论考试的题型也需要设置一定程度的开放式、讨论式题目，让学生学会自己思考、分析和解决专业领域中的问题。

（四）工作室制教学模式改革

为了实现信息化技术下艺术教育的转型，实现“教学做合一”，实现教学开放，实现学生与企业、社会的“无缝连接”，环境艺术设计学科探索与实战相结合的工作室制教学模式改革。在两年专业基础课程教学的基础上，从三年级开始实行工作室教学实训。其教学主模式通常侧重项目设计方法与项目可行性达成方面的培养。工作室以学期制为单元，师生相互选择。工作室责任教师作为教学内容设定的主体，制定工作室教学计划，负责工作室教学质量，承担工作室验收职责。环境艺术设计工作室在内容体系的设定上坚持“理论补充＋技能提升＋特色强化”①的总体设定思路。工作室具体教学内容的设定以项目设计解决流程为纲领，并交由教研室审定备案，作为教学质量验收的依据。工作室制教学模式以指导解决项目问题、实现项目设计目标作为教学主线，在教学指导模式上，比以往的课程教学周期更长，更具有灵活性和自主性的特点；在教学指导设置上，以项目设计阶段和流程作为依据，将工作室教学模式分为开题、设计、结题三个阶段。

---

①孙磊.环境艺术学科工作室制教学模式研究[J].美术教育研究，2016(5).

工作室学生成绩的评定要以方案展示、方案阐述作为重要依据。工作室制教学模式打破了固有课程教学的限制，是提升教学质量的有益尝试，是提高学生专业素质和应用能力的具体措施。

（五）“聆听大师”的音乐艺术教育模式探索

为了开阔师生的国际视野、提升学校艺术教育质量和办学水平、助力学校建设中国高水平民办大学和一流的艺术学院，学校通过举办两届美国现代音乐大师教学学术指导周活动，进一步扩大了我校艺术教育的影响力，展示出一所民办高校的独特气质和梦想追求。2017 年 5 月和 12 月，来自伯克利音乐学院的汤姆·斯坦恩教授、凯文·哈里斯教授、劳伦斯·沃森教授、瑞克·迪穆西奥教授，麻省理工学院的凯拉·考曼鹤娃教授以及哈佛大学的奥斯汀·麦克马洪教授等 6 位美国现代音乐大师莅临重庆人文科技学院，对学校音乐艺术教育进行教学与学术指导。通过举办 3 场高规格的教育教学研讨、2 场高层次的学术讲座、5 场高水平的音乐晚会（三场中外合作），以及 21 场现场教学示范，中美艺术教育专家进行了教育理念的互动、教学艺术的切磋、艺术文化的交流。其中有关于音乐技巧与表达情感的观念碰撞，有节奏律动、练耳识谱、情感掌控、吹奏技法等演奏技巧的点拨，也有中美学生远程连线、美术邂逅音乐音画共鸣的交流，让广大师生在校园里能够近距离聆听美国音乐大师的演奏、教学、讲座，不仅增加了音乐艺术师生表演实践经验，更为重要的是让大家学习到了教授们对人生、对艺术、对学生的态度。在教学学术指导周活动的基础上，中美音乐教育专家将共建“艺术学院现代音乐系”和“教师爵士乐团”，并积极推进“中美现代音乐国际班”项目、音乐艺术教育在线开放课程等，必将为学校建设一流的艺术学院产生深远影响。

三、“做的法子”的实践体系建设

陶行知“教学做合一”教育思想的核心就是“做”。他在《试验乡村师范学校答客问》中说：“教的法子根据学的法子，学的法子根据做的法子。事怎样做就怎样学，怎样学就怎样教。”①做的法子是学和教的根据，因此“先生拿做来教，乃是真教；学生拿做来学，方是实学……所以做是学的中心，也就是教的中心”②。按照他的创造教育论，知识只有从行动中得来才靠得住，才是真知识，才能创造，才能产生新价值。所以实际动脑动手实验为提高智育的方法，实验、研究、实习、参观等实践性活动占智育途径六条之四条。在陶行知的所有教学实践中，都特别强调并推行“做的法子”“试验主义”，培养学生成为手脑并用的有创造力的活人。

重庆人文科技学院在 20 年的办学中，积极践行陶行知教育思想，坚持“扬师陶之旗，行学陶之路，兴研陶之风，育创陶之人”，坚持“教学做合一”“手脑并用”的教学实践，加强应用型、技术技能型人才的培养。在狠抓专业基础理论教学的同时，大力加强学生技术技能训练和实践创新能力培养，以多种形式开展社会实践活动，使培养的人才不但理论基础扎实，还具有较强的动手能力、实践操作能力和解决实际问题的能力。

（一）构建“三实三练、教学做合一”的实践能力培养体系

根据应用型人才的培养定位，学校依据陶行知的“教学做合一”“教与学要以做为中心”的教学理论，构建了“面向实战、讲求实用、追求实效；基本技能自学自练、专业技能模拟演练、综合技能现场训练”，即“三实三练，教学做合一”的大学生实践能力培养

---

①方明.陶行知教育名篇[M].科学教育出版社，2005：90.

②方明.陶行知教育名篇[M].科学教育出版社，2005：133－134.

体系①，其结构如图 3-6 所示。在“三实三练，教学做合一”实践能力培养体系中，着力从如下两个方面循序渐进地开展：第一，对“三实三练”的不同阶段提出了不同的要求。在基本技能自学自练阶段，要求学生形成初步的职业认知和初级的职业技能基础；在专业技能模拟演练阶段，要求学生形成准工作人员的职业能力；在综合技能现场训练阶段，要求学生全方位地独立承担工作，全面掌握基本的职业技能。第二，构建递进式的实践技能层次和实践能力训练体系。将学生实践技能分成“基础实践技能—专项实践技能—综合实践技能”三个层次，而实践能力训练体系包括自主实践训练、仿真模拟实践训练、现场综合实践训练三方面，并依次进行“自主实践—仿真模拟实践—现场综合实践”的训练。

“三实三练，教学做合一”学生实践能力培养体系的改革实践表明，这一体系的基本精神是：学生的专业实践能力只能在教学实践和生产实践、社会实践中培养。实践能力的提升需要经历一个较长时间、持续不断培养和发展的过程，有效的实践能力培养应该具有全程性、渐进性、互动性，做到共性与个性的有机结合。训练时间要贯穿大学 4 年，训练场域要从以校内、课内为主，向校外、课外拓展和延伸，实施对象是全校学生，而不是少数优秀学生。培养过程要突出学生的主体性，训练内容要具有层次性和全面性，训练方式上要体现师生之间、生生之间、高校与企事业单位之间、理论与实践之间的良性互动。同时，鉴于实践能力训练的特殊性，要在集中训练、严格考核的同时，关注学生的个体差异，以充分调动学生参与实践锻炼的积极性。最终目的是将学生培养成具有较强创新创业和实践能力的人才。

① 禹华平、郑瑞伦.“三实三练，教学做合一”实践能力培养体系研究[J].西南师范大学学报(自然科学版)，2015(2).

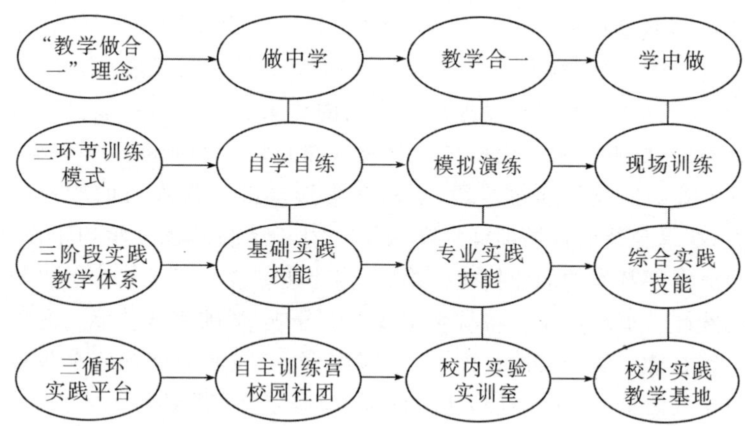

图 3-6 "三实三练,教学做合一"的大学生实践能力培养体系结构示意图

(二)"做上用功"的实践教学体系构建

1.学校实践教学体系的构建与改革

陶行知反复强调,"教学做是一件事,不是三件事。我们要在做上教,在做上学。……不在做上用功夫,教固不成为教,学也不成为学"①。他认为实践应该存在于教育活动全过程,否则就是"假教育""假学校""假先生""假学生"。

重庆人文科技学院按照转型发展的要求,坚持实践育人导向,强化实践育人环节,在人才培养方案修订中不断加大实践教学的比重,着力构建较为完善的实践教学体系。2012 版人才培养方案中不仅将实践教学环节纳入培养方案,而且将其作为课程体系的重要组成部分。该方案中人文社会科学类专业的实验、实习、实践和毕业论文(设计)等各实践教学环节累计学分(学时)已达到总学分(学时)的 30%,理工农类专业已达到总学分(学时)的 37%,美术、音乐类专业达到 50%。在 2016 版人才培养方案中,构建了由专业课程中的实验实训、专业实验实训课、集中实践

---

①方明.陶行知教育名篇[M].科学教育出版社,2005:133.

环节和思想政治理论课实践教学四个部分组成的实践教学体系。其中专业实验实训课由17学时计算为1学分调整为25学时计算为1学分，大大强化了学分的实践教学内涵；集中实践环节包括认知实习、专业见习、毕业实习和毕业论文（设计）；思想政治理论课实践教学包括参观博物馆、纪念馆、展览馆、烈士陵园，专题读书活动、撰写活动报告等多种形式。同时提高了实践教学学时比例，确保专业实践学时不低于专业总学时的30%，部分实践型较强的专业，如汽车服务工程、酒店管理、舞蹈等达到了50%以上。

学校大力推行"真题真做真应用"，不断深化毕业论文（设计）教学改革。一是坚持严格管理论文指导过程，促进论文质量保障。主要包括：开展学位论文买卖、代写行为专项整治活动；坚持"六严格"，即严格遴选导师、严格选题、严格开题、严格指导、严格成绩评定、严格答辩；实行论文抽检和100%查重制度；实行论文责任追究制度，将毕业论文（设计）质量考核直接与导师责任挂钩，明确规定导师指导的人数和次数，使导师责任具体化、明确化。二是深化本科毕业论文（设计）形式多元化改革，充分鼓励学生展示自己的特长和兴趣，增强毕业生实践实训方面的动手能力。论文形式可采用策划方案、科技作品、调研报告、毕业汇演、剧本创作、毕业音乐会、案例分析、作品设计、翻译实践与评析、文学创作等多种形式，实现真题真做。近三年来，学校参加毕业论文答辩的总人数为12813人，其中参与论文改革的人数为2250人，占总人数的17.56%。通过改革，大大提升了论文设计质量。如2018届环艺专业学生的毕业设计作品参加了"第十五届全国高等美术学院建筑与设计专业教学年会暨优秀作品展"，在有西安美术学院、四川美术学院等知名艺术院校参加的情况下，我校学生作品杀出重围，获得优秀教学成果奖和优秀作品奖。

加强教师教育类集中实践管理，创新实习形式，试点推进师范专业毕业实习改革。近年来，学校围绕应用型转型要求，把办学思路真正转到服务地方经济社会发展上来，与实习基地共同探

索，试点推进师范专业毕业实习改革，大力推进师范生毕业顶岗实习，精准服务合川、铜梁、北碚、璧山、永川、万州等地的76所基础教育学校。通过顶岗实习，大大增强了学生实践能力。近三年参加毕业顶岗实习人数如表3-3所示：

表3-3　近三年参加比业顶岗实习人数表

学年	顶岗实习人数
2017—2018	58人
2018—2019	141人
2019—2020 （第一学期）	95人

数据来源：2019年实习基地建设暨实践教学改革研讨会教务处工作报告。

2.各具特色的专业实践教学的改革与探索

在学校整体推进的基础上，相关专业也着力探索适合本专业特点的实践教学体系与模式，不断加强实践教学体系、内容、条件、方法的改革，不断丰富实践教学形式，不断加强实践教学管理，提高实验实训、实习和毕业设计（论文）质量，从而提高学生专业基本技能。具有一定代表性的有：

（1）机械设计制造及其自动化专业四维度的实践教学体系。

机械设计制造及其自动化专业是市级特色专业，该专业根据应用技术大学人才培养目标要求和知识结构及能力培养的需要，建立了实践教学的四维度形式，即课程实验、课程设计与毕业设计、实习实训、科技创新。四维度采取"实验课程重设计—仿真教学重理解—专业实习不间断—工程设计不断线"①的方式，围绕"基础扎实、实践能力强、综合素质高、具有创新意识"的应用技术型人才培养目标，依托教学改革，突出工程实践，加强创新教育，

①强华、肖定寿、郑瑞伦．地方高校转型之实践教学体系构建研究——以机械设计制造及其自动化专业为例[J]．西南师范大学学报（自然科学版），2017(12)．

提出了"工程实现"理念，开拓了"基本技能训练→综合技能训练→创新能力培养→工程技术应用"梯级递进的实践教学新思路，采用"工程应用＋学科竞赛"培养应用型人才的实践教学新模式，将"理论教学、实践教学、自主研学"融于一体，在基本实验技能、工程技术实验、生产现场实训和课外实践活动四个实践教学平台上开展教学实践，实践教学全方位、多渠道、多形式展开和梯级化推进，形成人才培养目标的新形式。在这种四维度形式中，实验实训、实习环节课时占专业教学总课时的比例达到40%以上，创建了开放式、自主研学型、适应"工程实现"能力培养需要、突出创新能力培养、贯穿于教学全过程的实践教学体系。

机械设计制造及其自动化专业通过构建科学合理的实践教学体系，把理论与实践、学习与应用有机地结合起来，激发了学生的学习兴趣，培养了学生的实践能力及创新能力。近三年来，该专业学生在参加重庆市的大学生机械创新设计大赛及大学生工程训练综合能力竞赛中分别获得一、二、三等奖多项，申请专利两项，学生获得数控车床操作证、数控铣床操作证、钳工操作证和机械设计工程师(二维、三维)资格证等职业资格证书，持证人数占学生总人数的50%。近三年来，毕业生的就业率位居全校前列，毕业生得到用人单位的认可。重庆人文科技学院《机械制造基础》课程被评为校级重点课程，机械设计制造及其自动化专业成为重庆市特色建设专业及重庆人文科技学院重点建设专业，金工实验室被评为校级重点实验室。

(2)广播电视编导专业"工作室"制度带动师生艺术创作。

广播电视编导专业是重庆市首批一流专业培育项目。该专业在专业实践教学中为师生搭建了教学实践的重要平台——"工作室"，以带动师生艺术创作。该专业拥有"行知戏剧工作室"和"行知微电影创作工作室"，两个工作室依据课程体系建设和人才培养目标，已孵化出多部优秀的影视艺术作品，收获颇丰，成效显著。行知戏剧工作室"孵化"的原创戏剧主要有：2012年的原创话剧剧本，教师导演、学生出演的话剧《家园》获重庆市首届大学

生戏剧节最佳剧目、最佳导演等 5 项大奖。2014 年的原创话剧剧本，教师导演、学生出演的话剧《毕业季》获中国校园戏剧节优秀奖，并应邀在重庆市国泰艺术中心展演，参加重庆市青年戏剧演出季开幕式；原创话剧剧本《家书》获得国家艺术基金资助；原创话剧剧本《妈妈的书屋》获得中国文学艺术基金会资助。行知微电影工作室“孵化”的原创微电影主要有：2014 年、2015 年，原创微电影连续参加合川区组织的大爱三江微电影大赛，均取得优异成绩，其中获奖的有《出租汽车司机》《局长日记》《妙手剪人生》。2017 年“孵化”的微电影《蛋炒饭》获重庆大学生艺术展演活动微电影大赛一等奖；《摆渡人》获重庆大学生艺术展演活动微电影大赛二等奖。

(3)学前教育专业“全实践”教育实习体系。

为更好地贯彻“实践性”办学理念，学前教育专业建构了“入门式实践—体验式实践—操作式实践—成长式实践”的“全实践”教育实习体系。在大一和大二阶段，引导学生通过幼儿园一日生活观察、幼儿园两周教育见习等方式，初步感知、体验幼儿园教育生态；在大三阶段，要求学生通过参加为期 4 周的驻园研习活动，深入感知并尝试实作幼儿园保教活动，加深对幼儿园教育情境的理解；在大四阶段，强调学生在毕业实习、就业实习活动中深度参与、实践幼儿园各项保教工作，为未来成长为一名合格的幼儿教师作好准备。自 2014 年起，至今已输送 2012、2013、2014、2015、2016 级五届共 1000 余名学前教育专业学生到幼儿园参加驻园研习活动，累计输送 800 余名学生参加毕业实习活动。

为进一步提高“全实践”教育实习体系建构的有效性，该专业近年针对不同类型教育实习活动，制定了相关管理文件，包括《驻园研习计划》《毕业实习计划》《驻园研习手册》《毕业实习手册》等，以此保障教育实习质量。同时，围绕“驻园研习”“教育实习”成功申报多项市级和校级教改课题，如“学前教育专业学生驻园研习的实践研究”获 2015 年重庆市高教教改项目立项，“高校学前教育专业师范生教育实习胜任力模型与测评研究”获 2018 年重庆市“十三五”教科规划重点课题，“学前教育专业教育见习质量评价研究与实践”获校级教改课题立项，依托课题研究成果，形成了一批较高质量的科研论文，包括《驻园研习——学前教育专业实训教学的路径探索》（北大核心）、《学前教育专业师范生驻园见习阶段心理历程分析》（CSSCI 扩展版）等，基本达到以研促改的目的。

（4）汉语言文学专业构建立体化实践教学体系。

汉语言文学专业是我校办学时间最长、在校学生人数最多的专业。从 2016 年起，该专业全面加强学生从业基本功和从业技能训练课程体系建设，力求技能训练四年不断线。一是通过课堂训练、专项训练、体验性实习、提高性实习、课堂反馈总结以及教学技能、三笔字、演讲、辩论、公文写作、诗词大会、记者节等专业竞赛，探索课内外结合的体系性强化训练，学生专业技能显著提高。二是整合实践活动，开展“桃李芬芳”学生专业综合素养提升与展示工程，构建学生职业道德素养提升、专业技能提升、身心素质提升、综合素质检验等多方位、循序渐进的综合修养提升工程，让学生在各种活动中提升素养和能力。三是改革实践课程教学，强化学生专业能力提高。一方面建立全方位的实践课程体系，实践学时占到总学时 40%左右；另一方面改革相关课程，特别是教学技能微格训练小组化、教学技能测试平台化，极大促进了学生专业技能的训练水平和能力提高。学生在重庆市大学生公文写作竞赛、微课制作竞赛、师范生教学技能竞赛等专业竞赛中多次获奖，2016 级学生张靖雪、歹梦娇、何其聪制作的微课作品获 2019 年全国大学生计算机设计大赛微课与教学辅助类二等奖；2015 级学生石岩（又名石若轩）在校期间出版 3 部作品集，事迹被多家媒体报道，现在重庆邮电大学移通学院创意写作学院任专职教师。

(5)护理专业建立院校联动管理架构。

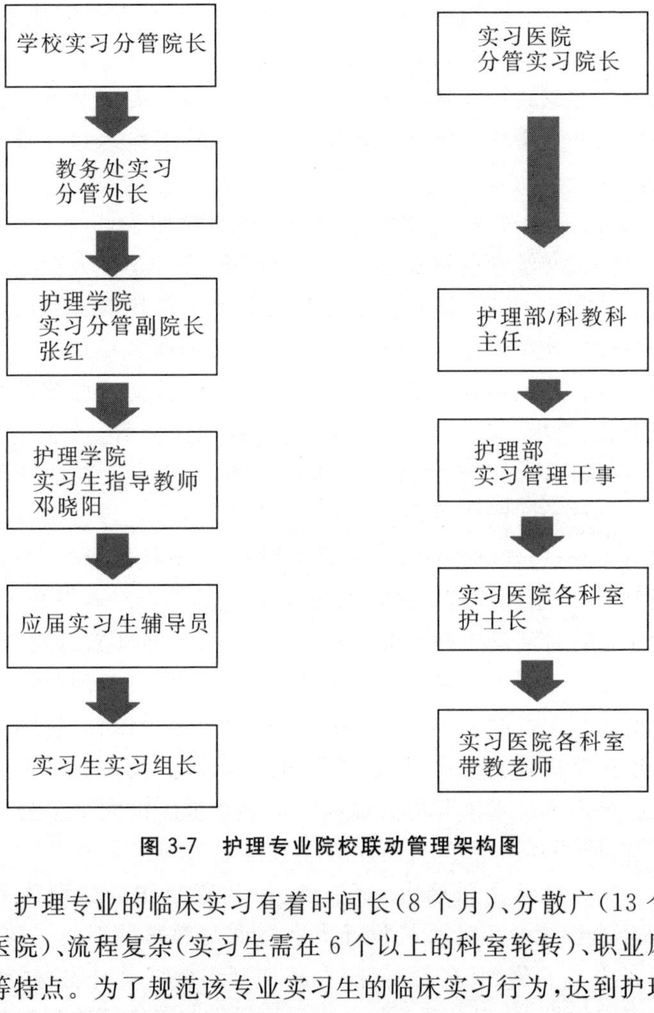

学校实习分管院长
↓
教务处实习分管处长
↓
护理学院实习分管副院长张红
↓
护理学院实习生指导教师邓晓阳
↓
应届实习生辅导员
↓
实习生实习组长

实习医院分管实习院长
↓
护理部/科教科主任
↓
护理部实习管理干事
↓
实习医院各科室护士长
↓
实习医院各科室带教老师

图 3-7　护理专业院校联动管理架构图

护理专业的临床实习有着时间长(8 个月)、分散广(13 个实习医院)、流程复杂(实习生需在 6 个以上的科室轮转)、职业风险高等特点。为了规范该专业实习生的临床实习行为,达到护理专业毕业实习要求,学校专门制定了《关于医护类专业临床实习的有关规定》《关于医护类自行联系临床实习的规定》等管理规定。同时为更好地开展临床实习工作,该专业分不同层级与实习基地建立联动管理架构,确保学校与实习基地沟通信息顺畅,提高管理效率。

（6）机械类专业多元化创新人才实践教学考核方式探索。

机械类专业以实践课程为背景，借鉴美国马里兰大学相关课程的考核方式，坚持 1 个“中心”3 个“结合”，即以学生为中心，课内与课外结合、科学与人文结合、教学与研究结合，开展相关的探索性研究，逐步形成了具有特色的多元化创新人才实践教学考核体系。根据各课程的性质，遵循实验课程重设计、实训课程重工程、课程设计重分类来制定相应考核形式。① 主要方式包括：一是实践课程考核形式多样化。基础课程实验，例如大学物理实验、材料力学、电工电子技术等基础课程实验中重视过程和结果相结合的考核方式，平时考核除了实验报告外，还有同组学生之间的相互评分，期末考核是学生随机抽取项目题目，在规定的时间内完成，形成流水化的考核步骤。实践性及动手性较强的实验课程集中安排，采用的评分方式是教师（70％）＋学生（10％）＋企业人员（20％）的评分方式。所有过程都按照企业生产产品的模式对学生的实验进行评分，在评分过程中引入 1 名企业专业人员（可以是具有企业工作经验的专门从事本专业实践工作的本校教师）。企业专业人员可以将实际技能融入测试问题，可以从企业的角度为学生提供有价值的建议，增加学生在实际中应用知识的能力。教师评分的 70％是由实验报告、实验进度和职业素质组成的。课程设计等课程考核，以引入企业的实际课题为题目。评分形式由书面材料（设计说明书、图纸）占 40％、设计小组答辩占 40％、学生评分占 20％的比例构成。二是实践课程考核标准具体化。课程实验、阶段性的课程实训以及课程设计一般包括三个过程——方案的设计、过程的运行和最终的结果，并提交实验报告或者设计说明书，3 项成绩所占比例分别是 40％、40％和 20％。三是实践课程考核人性化。由于实验条件的限制，部分工科实验（训）活动多是 2—5 人一组，在实践活动过程中，可能存在

①强华、李正网、武时会．高校实践教学考核方式探索[J]．实验技术与管理，2018(6).

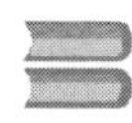

某些学生做得多、质量也完成得好，而部分学生做得少的情况。所以，考核方式采用以学生为中心，组内学生根据每个学生在实践活动中所作贡献多少来评分，做到真正体现考核的公正性，这样也有利于培养学生的团队协作能力并提高学生参与实践的积极性。改革后的考核注重实验（训）的全过程，评价标准具体化，评价参与者多元化，评价方式多样化，学生创新能力和动手能力综合技能得到提高。在第五届全国大学生工程训练综合能力决赛中，2014 级学生获得省级比赛特等奖两个，其中选派的一个队获得全国比赛二等奖。

（三）“做是创造”的课外实践

陶行知认为“做是发明，是创造，是实验，是建设，是生产，是破坏，是奋斗，是探寻出路”[①]。要打破传统死的、静化的教育方式，要以“做”为教之始，让学生手脑并用，从实践经验中得到真知识。他不仅重视课内实践教学，还十分注重课外实践。在南京高师时，他支持学校戏剧研究会在校内演出新话剧，如《孔雀东南飞》等剧目；在重庆创办的社会大学各系都设有学习小组，实行学习互助。学生结合自己的专业和爱好，参加时事、戏剧、音乐、采编等研究组。各系都办有壁报，每周一期。课外实践是增长学生综合素质和能力的重要渠道，是培养大学生创新精神和实践能力的重要环节，它是第一课堂的延伸和有益补充。

重庆人文科技学院应用型人才培养模式的改革，十分重视构建第一课堂与第二课堂相结合、课内外协同的实践育人体系，将理论课程的教学内容与课外的各种实践活动相结合，强化学生的能力培养。学院始终把第二课堂作为第一课堂教学的延续和补充，作为实现大学教育目的的重要途径和手段之一，作为大学生吸取课外知识、丰富实践经验、培养个性情操、树立正确的人生观、世界观、价值观的重要阵地。学校制定了《学生综合素质测评

---

① 陶行知．陶行知全集（第 2 卷）[M]．四川教育出版社，2005：529．

办法》，将学生参加文艺竞赛、体育竞赛、社会工作和学术科技等课外实践活动纳入综合素质测评管理。为做好学生社团管理指导工作，学校下发了《关于做好建立领导干部联系学生班级、寝室、社团制度的实施意见》，要求学生工作部科级以上干部、各二级学院分管学生工作领导及其他有专业特长的领导干部作为社团管理指导老师至少联系一个学生社团。在学校大力支持下，课外实践活动开展得有声有色，为学生搭建了丰富的实践平台，对学生综合素质培养起到了重要作用。

1. 以赛促学、赛教结合，创新人才培养的课外实践

陶行知说的“做是创造，是实验……是奋斗，是探寻出路”①，用在利用学科技能竞赛来促进学生能力发展方面再合适不过。学科技能竞赛活动能够使学生的才能得到发挥，培养学生的创新精神和实践能力。学校高度重视学科技能竞赛的组织和开展，把学科竞赛视为引导和推进教学改革的重要力量、考查学校相关课程教学水平或专业办学水平的重要指标、培养学生创新能力和综合素质的重要载体、实现学生个性化培养的重要途径。为确保学科竞赛活动的顺利进行，学校制定了《学科（技能）竞赛管理办法》，学校在教学经费预算中安排一定数量的学科竞赛经费，学生参加竞赛并获奖可以申请创新学分，学校给予奖励，第一指导教师指导学生参加学科竞赛且获得国家级或省部级奖项的成绩可作为高级职称评审的教学业绩条件之一。这些制度措施大力支持鼓励了师生参加各级各类学科技能竞赛，达到以赛促教、以赛促学、赛教结合，使学生学科专业技能水平进一步提升的目的。

近年来，学校先后组织学生参与了全国大学生数学建模竞赛、全国大学生广告艺术大赛、全国普通高等学校音乐教育专业本科学生基本功展示大赛、全国大学生物流仿真设计大赛、全国大学生计算机设计大赛、全国大学生工程训练综合能力竞赛、重庆市大学生公文写作技能大赛、重庆市高校师范生教学技能大赛

---

①陶行知. 陶行知全集（第2卷）[M]. 四川教育出版社，2005：529.

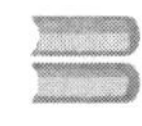

等各级各类赛事近 30 项。近三年,师生参赛项目 110 余项,涉及师生 3000 余人次。

表 3-4 重庆人文科技学院转设以来学科竞赛获奖情况统计表

年份	全国一等奖	全国二等奖	全国三等奖	重庆市一、二、三等奖
2014 年	3 项	7 项	0 项	17 项
2015 年	1 项	2 项	1 项	29 项
2016 年	6 项	6 项	39 项	22 项
2017 年	1 项	4 项	3 项	95 项
2018 年	0 项	2 项	3 项	100 余项
2019 年	0 项	3 项	3 项	130 余项
注:2016 年以后按照《学科(技能)竞赛管理办法》(重人科〔2016〕106 号)的分类统计。				

数据来源:学校教务处历年工作总结及校园网新闻。

这些学科技能竞赛获奖情况展示了学校较高的教育水平,展示了学生良好的专业素质与精神风貌。如:2019 年(第 12 届)中国大学生计算机设计大赛中,我校获得全国二等奖 2 项,三等奖 2 项,获奖数量在参赛的 12 所在渝高校中仅次于重庆大学。2018 年“珠江·恺撒堡钢琴”全国普通高等学校音乐教育专业本科学生基本功展示大赛上,音乐教育专业 2015 级学生王璐、邱涝筑、徐华获团体三等奖,王璐获个人全能二等奖、“微课展示”单项奖,徐华获得个人全能三等奖、“微课展示”单项奖,实现了音乐学专业在全国最高的专业比赛中的历史性突破。第五届全国大学生工程训练综合能力竞赛中,卢亮、何龄航、于坤滔等学生获“8”形无碳小车越障项目竞赛二等奖,显示了机电与信息工程专业的实力与水平。在第九届全国大学生广告艺术大赛重庆赛区中,建筑与设计学院共有 57 个作品获奖,包括平面类一等奖 2 个,三等奖 5 个,优秀奖 39 个;影视类三等奖 1 个,优秀奖 3 个;互动类三等奖 1 个,优秀奖 2 个;广播类优秀奖 4 个,在获奖级别和获奖数量上有了质与量的突破,体现了艺术类专业课程建设改革的成效。在第三届全国学生"学宪法讲宪法"活动重庆赛区总决赛中，由徐众、张雨新、孙晶、郑宗见、冉媛原等学生组成的法学专题辩论队获高校组一等奖，体现了学校法学专业的教育水平。重庆市第二届成语大赛决赛中，文新院王谦谦、朱汉腊、赵娜、王江竹、马莉斯五位学生获得成语大赛一等奖，体现了学院语言文字工作的突出成效。重庆市第二届高校师范生教学技能大赛中，学前教育专业2012级学生杨陈栋婷获一等奖，实现学校在市级师范类专业竞赛一等奖零的突破。

2.依托学生社团活动开展，锻炼"小先生"的综合素质

陶行知认为，普及教育最重要的是小先生。小先生制的原则是"即知即传人"，小先生的使命不但是普及文字教育，凡是他所过的有意义的生活都是负了责任要传播出去。"小孩子最好的先生，不是我，也不是你，是小孩子队伍里最进步的小孩子！"[①]可见，优秀的、进步的小先生可以"即知即传"，可以传播所有有意义的生活经验。而大学生已经具有了一定的个人经验，有的在某方面具有特长和兴趣，就可以发动他们的积极性，让他们作为"小先生"像"儿童工学团"那样去"即知即传"、去自我管理、去自动创造，去开展多种多样的第二课堂活动，让学生在课余获得丰富多彩的生活和锻炼。

学生社团是第二课堂重要的活动形式，更是培养学生个人兴趣爱好和组织能力、创造能力等综合素质的重要途径。学校历来重视学生社团的组织、引导和管理，积极推进学生社团规范而活跃地开展各种生动活泼的有益活动。在学校建校之初的2000年，就成立了凌云文学社、行知书画协会、外语协会等三个专业的学生社团。其后，学生社团如雨后春笋般建立起来。为规范社团管理，学校先后制定了《学生社团管理条例》《学生社团管理细则》《学生社团评优办法》，成立了学校党委领导、校团委指导下的学校社团联合会，充分发挥学生自我教育、自我管理、自我服务、自

①方明.陶行知教育名篇[M].科学教育出版社，2005:237.

我提高的职能，在学生的素质教育、社会实践、校园文化建设、创新创业和自身建设等方面进行了积极有效的探索，取得了一系列可圈可点的成效。

学校现有40多个学生社团，其中有创新创业方面的青年创业者协会、大学生职业生涯发展协会、个人理财协会、电子商务协会等，有专业技能方面的行知书画协会、外语协会、青年法学会、辩论与社交口才协会、育才论坛、计算机协会、灵云文学社、一首诗社、园艺协会、音乐协会、摄影协会、心理协会等，有艺体素养方面的武术协会、公关礼仪协会、馨秀阁协会、轮滑协会、民族舞蹈协会、街舞协会、国标舞协会、交谊舞协会、足球协会、音乐协会、排球协会、羽毛球协会、瑜伽协会、风云棋社等，有服务社会、培养兴趣的青年志愿者协会、汉服协会、动漫与游戏协会、魔术协会、微博协会、汽车协会等。

学校将理想、信念、道德、爱国主义、民族团结教育寓于丰富多彩的校园活动中，通过开展多种多样的学生群团、社团活动，不断锻炼和提升学生的综合素养。学校搭建了丰富多样的活动平台，主要包括少数民族艺术节系列活动、大学生文化艺术节、世界读书日系列活动、社团活动月、社团文化艺术节、校园十佳歌手大赛、征文比赛、体育比赛、寝室美化大赛、院际辩论赛、大学生简历制作大赛、主题演讲大赛、成语大赛、雷锋活动月、校园模特大赛、社团星级评定等活动。这些活动，有的依托学生社团开展，极大地锻炼和提升了学生的组织、管理、协同能力，对学生综合素质的提高起到了积极的推动作用。其中比较突出的有：读书协会与图书馆学生管理委员会协同学校图书馆举行每年一次的“世界读书日”系列活动，通过承办诗歌朗诵大赛，让学生们感受到语言的魅力，提升了学生们的文学素养，激发了学生们热爱经典、学习经典的热情；通过“走进名著”读者交流活动、经典诵读竞赛，进一步激发了广大学生对经典名著的阅读兴趣，对推动大学生继承和弘扬中华民族浩瀚的文学文化，提高大学生的人文素质和道德情操起到了积极作用。青年志愿者协会到合川区特殊教育学校、合川区龙洞小学、合川区南屏敬老院开展志愿者服务活动，关爱特殊人群，为贫困地区留守儿童爱心义卖，为孤寡老人送去关怀与问候；辩论与社交口才协会承办社团辩论赛、举办“挑战主持人”大赛、主题演讲比赛、普通话考试培训；行知书画协会主办合川区六大高校师生书画交流巡回展、与西南大学书法协会举行第三届“墨缘”书法联谊大赛；青年法学会到社区举行“我懂法，我守法”的普法宣传、送法下乡活动；足球协会协办学校新生杯足球联赛，羽毛球协会协办学校冬季羽毛球比赛；青年创业者协会和校团委就业创业部共同承办创业沙龙；计算机协会每周末都会举办以Java为核心的企业级开发培训课；国标舞协会在重庆市第七届青少年国际标准舞锦标赛中共有27人参赛，最终斩获金牌9枚、银牌15枚、铜牌20枚……一批批学生在社团管理中磨炼提高，在社团活动中锻炼成长，在学业生活中全面发展，不断成长为高素质的优秀人才。

重庆人文科技学院的二级学院也推动创办了一些具有专业特点的学生团体。比如文新院团学组织在2011年牵头发起成立了学校陶行知研究会下属的陶研会学生分会，时任执行院长詹培民、党工委书记黄泽文和陶研会负责人都参加了成立大会并讲话。这个学生分会的成立，开辟了学校师生共同学陶的新路子，展示了“师陶立位”“创陶立人”的办会优势。而学前教育学院为锻炼学生的专业实践能力，拓展“第一课堂”学习内容，创建了“百花社团”教学平台，具体包括幼儿教育研究协会、儿童舞蹈协会、儿童音乐演奏协会、儿童手工协会、儿童产品研发协会、儿童戏剧社、儿童游戏社、儿童绘本馆、儿童故事馆等九大专业社团。为提高“第二课堂”活动效果，该院要求师生全员参与，每个学生至少参加一个社团，每位专业课老师至少指导一个社团。通过加强引导，更好地发挥“第二课堂”对于学生的专业精神引领、专业素质提升、训练社会实践能力、自我教育能力、延伸“第一课堂”教育内容等积极作用。在每年全国学前教育宣传月期间，由学院牵头举办“百花奖”晚会，给学生提供一个展示的平台，各社团的学生准

备一至两个节目进行汇报，展示学生优秀实践性学习成果，让原来松散的社团活动变得有凝聚力、有方向感，学生的参与度很高，收获很大，实践能力有明显提升。

第四节　社会即学校：多元化人才培养途径实践

陶行知认为，"教学做合一"的教育必须借助社会力量，"不运用社会的力量，便是无能的教育，不了解社会的需求，便是盲目的教育。倘使我们认定社会就是一个伟大无比的学校，就会自然而然的去运用社会的力量，以应济社会的需求"①。在《教育改进》中更是明确指出："教育之事业亦非可独立存在者。彼与一国政制、风俗、职业以及天然环境均有息息相关之道。故谋政制、风俗、农、工、商、交通、水利等等之进步亦即所以谋教育之改进。吾人不能专在教育上谋改进，即以为可以完全达到吾人之目的。吾人当改进教育之时，务须注意教育以外尚有许多别种事情须同时改进也。"②要改进教育，使教育进步，就要改变学校与社会隔离的现状，需要像"工学团"一样的"社会即学校"的实践，因为"工学团是一个小工场，一个小学校，一个小社会。……它是将工场、学校、社会打成一片"③。

重庆人文科技学院以校企合作的方式诞生在陶行知先生创办育才学校的草街子，是适应地方经济文化发展的需要、弘扬陶行知教育思想的需要、为西部培养更多高素质人才的需要。从某种意义上说，学校的诞生就是教育服务地方经济社会发展的产物，从创办开始就十分注重校地合作、产教融合，一开始就把陶行知当年办学所在的古圣寺育才学校作为办学实习基地。经过20

---

①陶行知.陶行知全集(第3卷)[M].四川教育出版社,2005:505.

②陶行知.陶行知全集(第2卷)[M].四川教育出版社,2005:471－472.

③陶行知.陶行知全集(第3卷)[M].四川教育出版社,2005:422.

年的发展,学校按照"1248"("1"是围绕全面提高人才培养能力一个核心;"2"是坚持产教融合、校企合作两种途径;"4"是整合政府、行业协会、企业、学校四方资源;"8"是推进校企共同开设专业、共同制定人才培养标准、共同制定人才培养方案、共同构建课程体系、共同建立实践基地、共同组建师资队伍、共同实施过程培养、共同评价人才培养质量)的工作思路,坚持"四引"(引资、引智、引产业政策、引行业标准)的工作机制,拓展校企合作单位,广泛搭建校企合作平台,深入推进产教研融合,实现校、企、生多赢。先后与中兴通讯公司、邦唐邦(北京)知识产权服务有限公司、重庆 JW 万豪酒店、重庆两江云顶国际酒店管理有限公司、合川区瑞山中学、合川区育才中学、西南医院幼儿园、西南医科大学附属医院、重庆市合川区人民医院等 192 家单位签订校企合作或实践基地协议(其中师范教育实习基地 96 个),在人才培养、共建基地、学生就业等方面进行深度合作,有力地推动了我校应用型人才培养。

一、"中心校式"产教融合培养实践

陶行知在《中国师范教育建设论》中主张:"一个师范可以有几个中心学校,一个中心学校也可以做几个师范学校的公共中心。"①他的中心学校设想的正式实现是在创办晓庄师范时期,当时设有中心小学 8 所,中心幼儿园 4 所。陶行知提倡将中心学校作为"教育学的实验室""试验教育原理的机关",要求师范生轮流到中心学校任教,在这个过程中巩固专业知识,提高教学技能,以实现"师范毕业生得了中心学校的有效方法和因地制宜的本领,就能到别的环境里去办一个学校"②的目的。陶行知的这种"中心校式"试验思想不仅用于师范教育,也在乡村教育中实施。他

①陶行知.陶行知全集(第 1 卷)[M].四川教育出版社,2005:81.

②陶行知.陶行知全集(第 1 卷)[M].四川教育出版社,2005:79.

认为，中国乡村教育之所以没有实效，“是因为教育与农业都是各干各的，不相闻问。教育没有农业，便成为空洞的教育，分利的教育，消耗的教育。农业没有教育，就失去了促进的媒介。倘有好的乡村学校，深知选种、调肥、预防虫害之种种科学农业，做个中心机关，农业推广就有了根据地、大本营。一切进行，必有一日千里之势。所以第一要教育与农业携手”①。所以他希望征集一百万个同志，创设一百万所学校，改造一百万个乡村，通过教育与农业携手，互相促进，双方互利。他的这种教育思想和实践，与今天的校企合作、产教融合是一致的。

按照《教育部　国家发展改革委　财政部关于引导部分地方普通本科高校向应用型转变的指导意见》的要求：转型发展高校把办学思路真正转到服务地方经济社会发展上来，转到产教融合校企合作上来，转到培养应用型技术技能型人才上来，转到增强学生就业创业能力上来，全面提高学校服务区域经济社会发展和创新驱动发展的能力。为此，重庆人文科技学院在建设应用技术大学方案中就明确，要依托学校学科专业优势，构建“学校＋行业＋企业”产教融合共同体。2013 年以来，学校在转型发展过程中，与相关企事业单位签订合作协议，按照“1248”的思路，大力推进“中心校式”的产教融合培养，实现高校与行业企业的深度融合发展，实现人才培养的适销对路。相关专业积极谋划、努力推进，在产教融合、校企合作培养高素质应用型人才中探出了一些新路子。

（一）中兴通讯信息学院的产教融合实践

1. 学院成立

为加强校企之间教育资源、科研资源的合作，实现优势互补，共同开展 ICT 行业人才培养及 ICT 行业应用创新，着力培养具有高技术技能、创新工作能力以及国际竞争力的信息类人才，

---

①陶行知. 陶行知全集（第 1 卷）[M]. 四川教育出版社，2005：86.

2015 年 8 月 2 日，重庆人文科技学院在北京与中国最大的通信设备上市公司——中兴通讯股份有限公司签订合作建设教育部 ICT 产教融合创新基地的合约。在这个强强联合的合作中，学校与中兴公司将共同建设符合应用技术型本科发展的专业人才培养体系，共同建设适应应用技术本科教育教学的师资队伍，共同建设满足应用技术本科实践的工程实验中心，共同打造适应区域经济发展和服务国家经济发展急需的特色专业群，创新校企联合培养人才的机制，推进专业的管理体制、投入体制、办学体制、科研体制改革，形成科研与教学协同发展的工程教育新模式。

2015 年 9 月 21 日，重庆人文科技学院举行了中兴通讯信息学院成立大会。时任中兴通讯股份有限公司教育合作中心运营管理部部长陈世文在致辞中充满自信地说："重庆人文科技学院中兴通讯信息学院的成立，标志着教育部 ICT 产教融合创新基地西南地区的样本已基本建成，未来一定会发展得更好。"计算机工程学院兼中兴通讯信息学院院长汪林林教授在讲话中提出：要争取在三到五年内，把我校计算机工程学院建成重庆一流、国内领先的应用技术型学院。

2. 共建共管深度融合发展

2016 年 5 月通过教育部组织的答辩，中兴通讯信息学院成为教育部—中兴通讯产教融合创新基地项目的示范学院。其基本模式就是共建共管深度融合。

(1)共同建设人才培养体系。中兴通讯参与人才培养方案的修订，共同修订了计算机科学与技术专业云计算与大数据方向、软件工程专业移动互联方向的人才培养方案，中兴通讯提供了 800 学时的专业课程。双方合作是全过程的，从招生到学生入学教育，到一年的基础教育、两年的专业教育、三年的工程实践教育，到就业及就业后的回馈跟踪，校企共同制定专业标准，建立职业资格证书与学历证书的"双证融通"，推动应用型人才的标准化和规范化。

(2)共同建设师资队伍。双方共同实施"双师型教师共享工

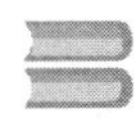

程”，让校企双方拥有共同的师资和技术人才，优势互补，构成了校企共享的人才资源团队。建院初始，由中兴通讯有限公司派出项目经理张景林担任中兴通讯信息学院副院长，首批派出3名教师到校任教。学院先后有15名教师外出培训，获得行业认证证书。聘请19名企业技术人员承担教学任务，企业项目经理担任二级学院副院长，合作开发课程16门。

(3)共同建设满足专业实践的工程实验中心。共建ICT工程体验中心，包括云计算、大数据、移动互联等实习实训环境，通过到体验中心互动、学习，提高学生工程意识和实战能力。联合建立重庆人文科技学院新一代ICT协同创新中心，学校投资一千万元，用于中心建设，以及新一代ICT项目的立项与研发。共建产学研结合的重点实验室，包括云计算工程中心、云计算体验展示中心、4G通信实训中心、光纤通信实训中心等实验实训室。通过共建实验中心，让学生受到企业项目流程的完整过程与技术训练，教师获取前沿技术，并将主流技术及时引入教学，让企业技术人员参与教学过程，与教师共同指导学生项目实践和毕业设计，校企合作体系有效提升了校企耦合度。

(4)合作开发应用课程体系与教学资源。在2016版人才培养方案中，学校与中兴通讯合作开发应用课程体系，体现了计算机类专业特色的鲜明性、工程技术的实用性、知识架构的先进性，并与学校的素质教育和通识教育深度融合。首先，将职业资格标准和行业技术规范纳入课程教学，按照专业、模块、公共、综合来构造课程平台，如合作开发课程平台设计示意图所示。

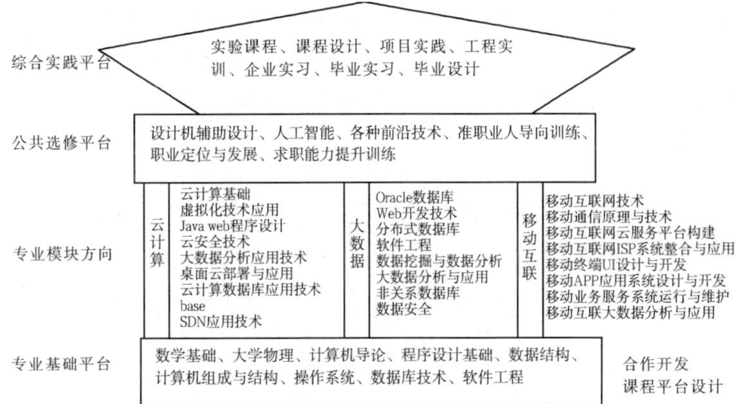

图 3-8　合作开发课程平台设计示意图

课程教学与课程设计有机结合，把课程设计与项目实践有机结合。按照课程体系设计，从课程→课程群→综合来设计由简单到复杂的训练项目和训练内容，使学生的知识、能力、素质全面协调发展，如层次化训练框架图所示。

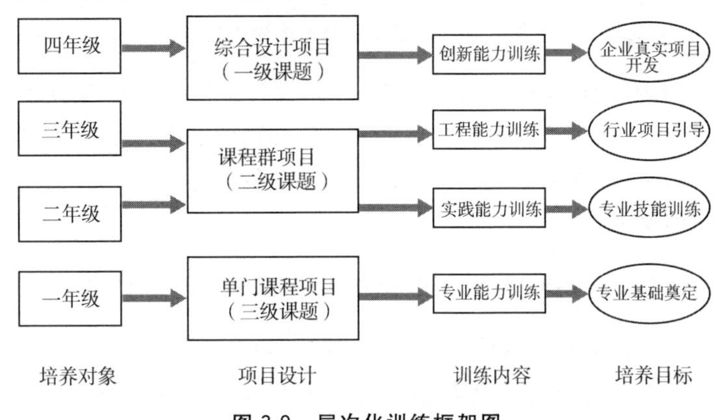

图 3-9　层次化训练框架图

其次，合作建立以“项目实践Ⅰ→工程实训→项目实践Ⅱ→工程实训Ⅱ→企业实习（项目实践Ⅲ）”为主线的渐进式实践教学体系。“项目实践”100％覆盖实践教学环节，100％由企业技术人员和项目经理亲临授课，100％采用企业真实项目；“毕业设计”实

行学校教师与企业技术人员共同指导的“双导师制”，选题来自行业一线；利用大学生创新实验室、产学研平台等实践资源，由专任教师与企业导师共同指导学生参加创新实验、学科竞赛和创新创业教育项目。

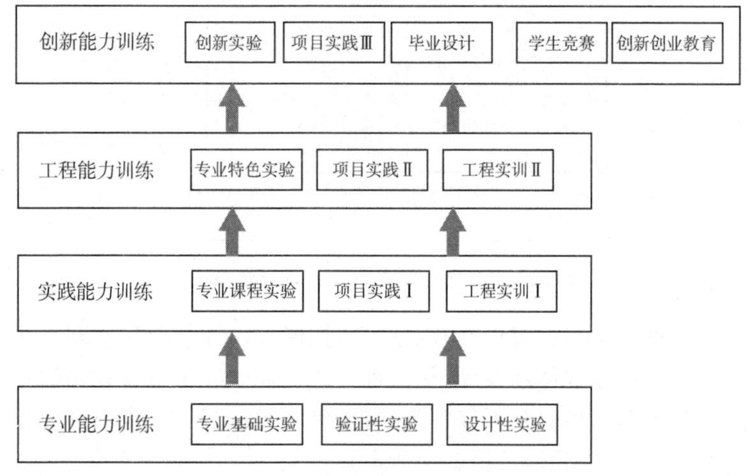

图 3-10　渐进式实践教学体系图

同时，学校与中心通讯合作，共同编写出版了适合本科教学的《云计算》《虚拟技术及应用》等教材，与南京云创大数据公司共同编写了《大数据》等教材，根据大数据开发实际，开发提供实习、实训的实战项目案例。

（二）其他学院的产教融合实践探索

1.学前教育探索“驻园研习”，深化“院—园”合作

学前教育学院将实践能力的培养贯穿于大学四年，探索出“驻园研习”制度，将学生放入学校与重庆知名幼儿园的共同培养之中。驻园研习让学生进驻实习实训的幼儿园一个月。第一周主要全面观察并熟悉幼儿园一日生活环节流程及要求，熟悉幼儿，并在教师指导下制定保育工作计划。第二、第三周在带班教师指导下，观察幼儿一日生活安排及生活管理，观摩教师开展的

幼儿园一日活动并进行配班配教。在教师指导下，制定一日活动计划，包括：户内外各类游戏计划、日常生活常规活动组织等。第四周在教师的指导下，开展幼儿园一日各项活动的组织工作，包括：入(离)园、盥洗、如厕、进餐、午睡、饮水、户内外自由游戏活动、集体活动等。见习结束后及时进行总结，完成见习手册。在驻园研习中，学生通过观察、学习幼儿园一日活动安排，熟悉幼儿园保教工作，熟悉并掌握幼儿园游戏活动和日常生活活动组织等。驻园研习进一步使学生理论联系实践，为今后的学习工作打好基础。这一实践模式已成功申报重庆市教改项目。在此基础上，为提高"院—幼"合作力度，学前教育学院采取多种形式搭建高素质学习共同体。主要做法有：拓展教研平台，把教研活动开展到实习基地，增强"院—园"沟通质量，提升双方教研活动品质；制定交流制度，鼓励专业课教师进入幼儿园观摩幼儿教师保教活动，促使"院—园"教师之间互相交流、互相学习；共同打造课题，通过加入幼儿园课题活动或吸收幼儿园教师加入学院课题组等方式，提高合作程度。通过搭建高素质学习共同体，该院不断丰富与幼儿园实践基地的合作内容和方式，逐渐提升合作质量，为更好地践行"实践性"办学理念奠定了良好的基础。学生也通过驻园研习发现一些问题并将之作为毕业论文的素材，让毕业论文与实践结合，如《户外地面环境创设的研究——以重庆曙光幼儿园为例》《幼儿园建构区角中废旧材料投放的调查研究——以重庆市曙光幼儿园为例》《家庭教育绘本阅读现状调查研究——以西南医院幼儿园为例》等，提升了学生将专业知识和实际问题融合、发现问题和解决问题的能力，培养了学生的创新精神和创造意识。

2.管理学院"课程进企业"

管理学院在积极推进产教融合发展过程中，探索旅游管理和酒店管理专业实行"课程进企业"的方式，切实培养了学生的实践能力和操作能力。一方面，学院聘请恒大酒店总经理林青山，总经理助理、人事总监徐宏君担任旅游与酒店管理专业外聘副教

授。另一方面，学院根据课程性质及具体情况，与实习单位合作，校企共同制定课程的教学计划、实训标准，就地利用实习单位工作场所设施，将部分课程放在企业，由聘请的企业客座教授和相关专家直接对学生进行授课。此种形式不仅能够最大限度利用实习期间的时间和场所，而且能较好地培养学生的知识和技能。例如旅游管理专业的《旅游地产概论》《食品营养与卫生安全》《酒店物业管理》三门课程放入恒大酒店，请行业专家上课，有效解决了双师双能型师资不足、实践性不强的问题，教学效果好，受到学生普遍欢迎。学生也通过在企业的课程学习发现一些问题并将之作为毕业论文的素材，让毕业论文与实践相结合，如《浅谈重庆恒大酒店中餐服务质量问题与对策》《基于酒店节能降耗问题的酒店成本控制管理——以重庆恒大酒店为例》等，提升了学生专业知识和实际问题融合、发现问题和解决问题的能力，培养了学生的创新精神和创造意识。

3.法学院与司法部门的实务合作

为更好地建立法学专业与当地司法单位的合作，法学院在重庆市司法局的帮助下，在我校建立了“时代楷模”马善祥同志的“老马工作室”，他定期到学校举办讲座、直接辅导和培训师资，把他在基层进行人民调解的方法经验教给学生，深入推进了法学专业基层法务实务课程的指导。同时，学院建设了与合川法院审判同步传输视频的校内数字法庭，并作为合川法院的审判庭，学生在校直接观摩法院的全程审判，使校地合作利用互联网将遥远的法庭变成课堂，大大促进了教育教学质量的提升。

4.艺术学院与企业共建校内师资培训基地

艺术学院通过与企业建立师资培训基地，推进企业、学生、教师共同参与的科研、培训模式，促进音乐学专业“产学研”融合发展。学院与于斯教育科技(上海)有限公司签署校企合作协议，公司投资 10 万余元，在校内建立“于斯钢琴在线陪练师资培训基地”“于斯教育集团钢琴在线陪练项目合作开发中心”，学院选派优秀毕业生参与公司科研项目的共同开发，校企共同培养教师

60余人，对外网络直播授课6000余节。学院与卡西欧（中国）贸易有限公司签订校企合作协议，建立“卡西欧音乐教育师资实训基地”，由卡西欧公司和学院共同投资20余万元建立校内实训中心，就开设课程、选送人才进行实质性合作。第一期共培训学员50余人授课100余节。学院还与深圳市聚橙网络技术有限公司签订校企合作协议，建立产学研合作基地，就创作、演出、实习实训等方面进行合作。

5. 建筑与设计学院的“六共”融合培养实践

建筑与设计学院非常重视与校外相关企业开展项目合作。目前，学院已与重庆目吾空间园林景观设计有限公司、重庆一卢来商业管理有限公司等25家企业建立了校级校外实践基地。通过学校和企业全程参与的这种创新性人才培养机制，教学、实践得到有机融合。在这种合作模式下，学校和企业共同制定人才培养方案、共同建设专业教学团队、共同建设实习实训基地、共同开发专业核心课程、共同实施专业教学、共同开展教学质量评价等，使学生在一系列完备的企业生产流程中得到学习和锻炼，学生实践能力得以大力提升。据了解，学院环境设计专业毕业生在重庆市北碚区、合川区等地的室内装饰设计行业中占到了70%—80%，专业对口率较高，用人单位反馈良好。

二、服务地方的校地合作培养

陶行知认为：“地方教育及乡村改造的成败，是靠着人才为转移。”[1]为了让科学走向民众、科学普及民众，以逐渐造成科学的民族，他希望把科学变得像空气一样普遍，人人都能享受，这就需要让科学走进每一个家庭，形成科学的社会，为孩子创造一个学科学的环境。不管是靠人才转移进行地方教育、乡村改造，还是科学“下嫁”运动，实际上就是呼吁教育为地方发展“烧心香”，要

①陶行知．陶行知全集（第2卷）[M]．四川教育出版社，2005：354．

把办学与改造社会当成一件事。所以他辞去大学职务专事普及教育运动，就是为了让全民受教育；办乡村师范、办育才学校、办社会大学，就是为了服务地方、服务乡村、服务社会发展。他的社会即教育，就是要将教育与地方经济社会发展联系起来，所以他脱下知识分子长袍穿起农人的短褂，就是为了更好地了解农人、帮助农人，了解乡村、帮助乡村，了解社会、帮助社会，为中国未来寻找生路。

社会服务是高校的基本功能之一。近年来，重庆人文科技学院围绕应用型转型要求，把办学思路真正转到服务地方经济社会发展上来，不断探索服务地方的校地合作人才培养。

（一）顶岗实习，产学结合，服务实践基地发展

地方基础教育学校特别是农村学校，因为各种原因，每学期都有一定的实际教师用量缺口，这些地方的师资本来就不足，因为教师请假、离职等导致的临时缺口严重影响了正常的教育教学秩序和教学质量。为此，学校与地方教育主管部门和实习基地共同探索，试点推进师范专业毕业实习改革，大力推进师范生毕业顶岗实习，精准服务于合川、铜梁、北碚、璧山、永川、万州等地的76所基础教育学校。顶岗实习不仅大大增强了学生实践能力，也大大地服务了地方教育发展。

表3-5　毕业生近三年参加顶岗实习、集中实习人数统计表

学年	顶岗实习人数	集中实习人数	顶岗实习人数占集中实习生人数比例
2017—2018	58人	549人	11%
2018—2019	141人	715人	20%
2019—2020（第一学期）	95人	774人	12%

数据来源：2019年实习基地建设暨实践教学改革研讨会教务处工作报告。

旅游管理和酒店管理专业对学生实践性要求较高，需要酒店

“师徒式”的培养，而酒店为了解决人手不足和降低用工成本，也乐于招聘实习学生来完成技术性不太高的工作。为此，学校在与江津双福恒大酒店签订校企合作协议基础上，每半年派一批学生进行顶岗实习，既让酒店受益，又让学生学到了相应的酒店管理和工作技能，在恒大酒店实习的学生多次被评为优秀实习生，学校被恒大酒店评为2015年度“最佳合作院校”，实现了双赢。每年3月，潼南区因为举办“潼南菜花节”，服务行业短期需求较大。为此，学校派农村区域发展等专业的学生进行为期一个月的顶岗实习，既锻炼了学生能力，也帮助地方解决了实际困难。2016年学院在潼南菜花节被潼南陈抟故里旅游文化有限公司授予了“社会之栋梁，育才之典范”锦旗。

（二）服务行业，合作共创，助力地方经济社会发展

法学专业建立地方法律援助工作站，为地方居民解决法律困难。法学专业与重庆市合川区司法局共建合川区法律援助中心重庆人文科技学院工作站，与重庆市合川区人民法院共建未成年人犯罪心理咨询室，创建了“教师（援助律师）与学生合作办案”新型实践模式。自法律援助工作站开办以来，共培养法律援助志愿者约40人，张东、林馨获得合川区司法局表彰，被评为“优秀志愿者”。开展大型法律咨询和普法宣传活动6次，接待当事人100余人次，以援助律师（老师）亲自办理、学生参与的模式，承办了代写法律文书、代理劳动争议仲裁案件、民事诉讼案件、刑事案件、参与民事调解等各类法律事务，为当事人挽回大量经济损失。尤为突出的是举办送法下乡大型普法宣传活动，援助队伍走进社区，与社区居民开展座谈，解决社区弱势群体面临的法律困难。

影视编导专业先后助力地方单位进行微电影创作，服务地方发展效果明显。2013年，重庆市纪委和重庆广电集团联合举办了“廉政建设公益微视频（电影）征集评选活动”。合川区纪委鼓励各街道办事处摄制廉政建设微电影。合川区大石街道构思了《家书》的故事，但自身无能力进行剧本写作和影视制作。于是大

石街道与影视编导专业合作，由大石街道提供故事、场地和制片费用，影视编导专业师生写作剧本和拍摄。最终，微电影《家书》荣获“征集评选活动”三等奖。2015年，影视编导专业师生与成都铁路局重庆公安处联合摄制了反映重庆铁路公安处基层民警生活的微电影《我的警察故事》。该片由重庆公安处宣教室主任与影视编导专业教师联合编剧导演，拍摄地点横跨重庆、四川和云南，在拍摄期间受到了当地铁路派出所的热烈欢迎。最终，《我的警察故事》代表重庆公安局入围公安部举办的微电影征集评选活动。

建筑与设计学院加强校地合作，积极服务地方。该院利用专业学科特点，通过自身的专业优势，积极参与到服务地方的工作中去，先后与重庆市北碚区、重庆市巴南区、重庆市铜梁区等建立了艺术实践教育合作关系，在艺术创作、群众文化、非遗保护、文化产业、城市形象等诸多方面建立了校地合作项目。近几年来，该院师生承担了重庆市现代农业园规划、巴南城市形象与文化建设高端论坛、铜梁龙文化打造、北碚文创产品设计等实践项目的相关工作，受到一致好评，社会影响良好。

经济学专业强化与地方经济与社会发展的有机对接，开启了校企合作双主体育人模式。目前与新道用友公司、华融证券公司、东奥公司、合川中小企业服务中心等签订校企合作协议，吸纳行业企业参与人才培养与评价，联合交流、合作办学。学院注重产、学、政结合，突出实践导向和校政合作，促进学院专家学者积极与政府、企业开展各项科研活动，共同承担项目，实现科研资源共享。2015年，该院经济学教授承担合川区政府横向课题“合川经济发展‘把脉’研究”，完成建设研究工作并结项，为当地经济建设建言献策；与合川区税务学会、合川地税合作共同完成“营改增”税收征管探索与思考建设项目，合作撰写的论文《交通运输业‘营改增’税负对比调查分析》《“营改增”的经济效应及应对措施》分别获得合川区税务学会“‘营改增’税收征管探索与思考”征文二等奖与优秀奖。

学校成立“重庆人文科技学院乡村振兴研究院”,为实施乡村振兴提供人才支持;成立乡村振兴促进协会,积极开展服务地方农村发展的实践活动。目前,学院经济学彭方志教授在学院成立乡村振兴服务团队,对学校近郊的合川保合镇农村实用人才在实际生产中遇到的各类经济问题提供帮助,并结合所在地区农村的发展态势,计划开发农村实用人才培训项目,创新人才培训模式。学校与重庆云集汇信息技术有限公司、重庆有线文旅频道共同主办“加强文旅融合,助力重庆乡村振兴”交流会,成立“重庆旅游公众服务平台重庆人文科技学院服务中心”“‘路夫智行’开放型教学实验中心”,有力促进学校旅游管理学科产教融合向纵深发展。今后,学院计划组织经济学教师和学生与附近县域企业、专业技术协会和农民专业合作社联系,为企业经营和市场开拓献计献策,将经济学理论和知识转化为助力发展农村电子商务,引导当地村民建立集农产品加工、包装、营销、仓储、物流于一体的新型农业产业模式,充分发挥高校服务社区和农村的作用,并与当地合作社等相关社会组织形成合力,提升农民职业能力。

三、“烧心香”的社会实践锻炼

在《驳特定学区议》中,陶行知明确提出了大学的培养目标:“大学是造就学者和领袖的地方,不是剃度和尚的地方。我们要大学培养与国计民生有关系的学者领袖,不要大学培养避世的隐士、出世的僧尼、不知世事的书呆子。我们要学生认识人民,人民认识学生。我们要到民间去的学生,不要到天上去的学生。”①要了解国计民生,要认识人民,就要到民间去,到乡村去,要向农人“烧心香”。所以在陶行知的教育实践中,是一直鼓励支持学生参加各种社会实践锻炼的。创办的工学团主张与大众同甘苦,同休戚,以取得整个中华民族之出路;创办的乡村师范要老师带学生

① 陶行知. 陶行知全集(第2卷)[M]. 四川教育出版社,2005:232.

时常到工厂、农场和其他地方，以教导学生拜人民为老师，要学生向农人学种田，向农妇学养蚕，由木匠师傅教做桌凳，裁缝师傅教做衣服。通过向社会学、向农人学、向农妇学、向木匠师傅、裁缝师傅学的社会实践锻炼，从生活中发现困难和问题，以大自然和大社会为实验室，解决实际问题获得实际学问，从而培养出"入世"的领袖，培养改造乡村、改造社会的"真人""人中人"。

社会实践，实际上是除了课内学习的第一课堂、校园文化活动的第二课堂外的第三课堂。重庆人文科技学院一直非常重视"三个课堂"的结合，早在2007年的第4次教学工作会议上，时任院长王长楷教授就明确要求坚持"三个课堂"的有机结合，要在人才培养的过程当中，把思想道德教育、专业理论知识学习和实践能力培养有机结合起来，学生把学习的理论和社会实践结合起来，提高自己的实践能力和创新能力，以达到人才培养目标的要求。通过社会实践锻炼，可以让学生认识社会、认清自我，找到未来发展方向并为之努力，达到为社会服务的目标。正如计算机科学与技术专业2003级学生、现任四川省金川县嘎伍岭村第一书记、第九届全国"人民满意的公务员"候选人的徐俊，在采访中被问及为何在大学期间主动参与社会实践并为之如此努力时，他说道："大学四年专业知识的系统学习，让我的理论素养、综合素养有了底气，但是要将所学和所用结合得更好就需走出校园，在实践中将学校所学进行诠释和深化。同时，在社会实践中，我越发感到在重庆这样的大都市发展的力不从心与迷茫，于是我逐渐坚定了去基层、去农村干事业的心。"就这样，大学毕业后，徐俊考上公务员，扎根基层，服务农村，终成人民满意的公务员，完成了陶行知先生说的成为"人中人"的目标。

在众多的社会实践活动中，学校一直持续开展的有大学生暑期"三下乡"社会实践活动、青年志愿者服务活动和音乐学专业的支教团。

学校的"三下乡"社会实践活动始终秉承"教育为农村服务"的宗旨，在学校党政领导的大力支持下，在带队老师和志愿者们的辛勤付出下，大家奔赴四川、重庆各地农村，开展党和国家大政方针和法律法规的教育宣讲，组织大学生骨干挂职锻炼，开展义务支教，关爱农村留守儿童，慰问孤寡老人，调研乡村经济社会发展，为当地农民朋友送去“科技、文化、卫生”，“三下乡”团队获得了社会各界的好评，早在2006年、2007年、2008年就连续三年被评为全国“社会实践活动优秀团队”，相关活动更是登上了《人民日报》《中国教育报》《法制日报》等国家级媒体。从此，“三下乡”社会实践成为我校的一张名片，学校每年也在持续组织多支服务团队深入农村扎实开展志愿服务活动，引领广大青年学生在社会实践活动中学知识、练本领、增才干、提素质，为实现中华民族伟大复兴的中国梦贡献青春力量。如在2019年，我校暑期文化科技卫生“三下乡”社会实践活动以“青春心向党·建功新时代”为主题，以创新理论宣讲、美丽中国、依法治国、文化艺术服务、爱心教育、历史成就、爱心医疗、创新创业、新媒体服务等为具体内容，组建16支重点服务团队（其中7支市级重点团队）近300余人，历时40天，赴合川区草街街道“九村一社”、沙坪坝区、南川区、武隆区等地开展志愿服务活动。具有特色的“坝坝舞”、送电影下乡、免费体检、免费发放药物、支教、惠农政策宣传等活动都获得了一致好评。我校团委荣获2019年重庆市“三下乡”社会实践活动“优秀单位”荣誉称号，护理学院“爱心医疗在路上，健康扶贫青春行”爱心医疗服务团、政治与法律学院“普法千万里，守法零距离”依法治国宣讲团荣获“优秀团队”荣誉称号。通过“三下乡”社会实践活动，让广大大学生了解国情、民情，增强对社会和自身的认识，坚定了其为社会服务的信念。2006级新闻学专业的许康平同学，因为参加了“三下乡”活动的新闻宣传报道，对底层劳动人民生活有了深刻认识，便在以后的新闻从业中一直关注底层人民的生活，用他的镜头记录着普通人的生活，挖掘其中的乐观生活态度、奋斗向上的精神，坚持10年拍摄的“重庆棒棒”冉光辉的故事更是登上了中央电视台《新闻周刊》，用镜头为社会传递着正能量。这也许是“三下乡”社会实践活动对参加过志愿服务活动

学生的影响的最好注脚。

学校青年志愿者团队一直大力弘扬大学生“奉献、友爱、互助、进步”的志愿精神，在城乡社区市民学校建设、关爱留守儿童等各项社会实践活动中，呈现出热情高、表现好的态势，多次受到重庆市团委、合川区团委的表彰。2012 年起，学院青年志愿者与育才小学、龙洞小学等 5 所小学建立了对接关系，注册志愿者 2000 余人，定期对 5 所小学进行志愿者服务。2013 年，重庆市青年志愿者协会为我校授牌为“重庆市志愿者服务分队”，学校成为重庆市 60 多所高校中获此授牌的 10 所高校之一。2013 年 11 月，学校作为合川区高校代表，举办了“冬日阳光温暖你我”新春关爱活动启动仪式，组织了社会各界力量为大庙村小学留守儿童捐赠图书、药品、爱心礼包等物资，联系华川医院为所有留守儿童安排爱心义诊，学校 60 位志愿者与 60 位留守儿童“一对一”结对。人民网、新华网、中华慈善网、中华妇女联合会网、中国大学生在线、合川区教育信息网等网站都对该校的志愿者活动进行了报道。2014 年组织的“放飞爱心・书送希望”暨圆梦中国系列支教活动、山区助教活动等系列支教活动，得到了人民网、中华慈善新闻网、甘肃陇南团市委的报道和表扬，其中“灯塔计划，山区助教”活动在全国首届项目大赛中成功入选全国赛，得到重庆志愿服务网、大渝网以及浙江卫视等省市级媒体报道；龙洞小学爱心支教项目被浙江卫视《中国梦想秀》重庆选拔赛选中，甘肃陇南支教行动被中国民间公益网报道并受到陇南团市委表扬。近年来，为发挥青年志愿者服务精神，传递正能量，关爱社会残疾儿童，我校青年志愿者主要针对合川区特殊教育学校开展以“特别的爱给特别的你”为主题的志愿者服务活动；开展为贫困地区留守儿童送“夏日爱心清凉包”爱心义卖善款筹集活动；开展走进合川区南屏敬老院为孤独的老年人们带去关怀与问候的活动。当代大学生通过基础性的志愿活动，不仅可以学习课本外的知识，也将知识应用于实践，提升了自己的综合能力。

音乐学专业支教团成立于 2009 年，支教团从 2009 年开始连续10多年在合川区大庙小学、育才中学等地进行义务支教活动。与大庙小学协商每年义务为其编排庆祝“六一”儿童节的节目，学院免费为其提供音乐厅作为演出场地。2015年春节，支教团团员为合川区巴蜀小学老师排练新年晚会。近三年，已经委派了音乐学、音乐表演、美术学、舞蹈学、播音主持等专业1000余名学生参加支教活动，所授课程包括音乐唱歌课、音乐欣赏课、合唱课、美术课、手工课、书法课、舞蹈课、普通话课、羽毛球课、足球课等，授课课时长达5000多个，所授学生高达1100余人。支教团还带领相关学校学生参加合川区各种艺术类的竞赛，取得了优异的成绩。支教团开展的社会实践和服务活动，既让学生自身的能力得到了历练和提升，也缓解了周边学校艺术教师缺乏的困境，得到了服务地群众的普遍欢迎和社会各界的广泛好评，也进一步发挥了实践活动为社会服务的功能。

第五节　创我者生：应用型人才培养保障体系建设

一、“生利经验”的“双师型”队伍建设

陶行知十分重视教师的培养，他开办晓庄师范，就是为乡村改造培养乡村教师。他不仅对乡村教师培养提出了很多真知灼见，还对职业教师培养提出了很多建议，后者对我们这种应用型高校的师资队伍建设很有借鉴意义。

陶行知对职业教师培养的论述主要集中在《生利主义之职业教育》中。什么样的人才算得上职业教师呢？他认为，职业教育既然是教人生利，“职业教师之第一要事，即在生利之经验”[①]。没有生利之经验，就像“无治病之经验者，不可以教医；无贸易之

①陶行知.陶行知全集(第1卷)[M].四川教育出版社,2005:13.

经验者,不可以教商"①,是以书生教书生。除了经验,还需要有生利的学识和教授法。所以,"经验学术教法三者皆为职业教师所必具之要事,然三者之中,经验尤为根本焉"②。对职业教师的培养,他认为有三种方法:一是收录普通学子教以经验学术与教法,可用于普通师范学校的教师和商业学校教员培养;二是收录职业界之杰出人物致以学术与教法,可用于农工职业的教师培养;三是延聘专门学问家与职业中有经验者同室试教,使其互相砥砺补益,蔚以职业教师,这种方法只能作为职业师资缺乏的过渡时代的权宜之计。所以,他认为,"既以生利经验为根本之资格,则养成职业师资自当取材于职业界之杰出者。彼自职业中来,既富有经验,又安于其事,再加以学术教法,当可蔚为良材"③。这与今天所说的"双师型"队伍建设理念是一致的。在国务院印发的《国家职业教育改革实施方案》(国发〔2019〕4号)中,将"双师型"教师定义为"同时具备理论教学和实践教学能力的教师"。具备理论教学能力即是陶行知所说的"学术",具备实践教学能力即是"经验",教师当然是熟悉心理、教材等教法的人。在国发方案中,打造"双师型"教师队伍的措施也与陶行知的方法类似,即从具有3年以上企业工作经历并具有高职以上学历的人员中公开招聘……加强职业技术师范院校建设……职业院校、应用型本科高校教师每年至少1个月在企业或实训基地实训,落实教师5年一周期的全员轮训制度。

"双师型"教师是构建应用型人才培养模式、实现学科教育与能力培养互相结合的一个重要条件。重庆人文科技学院根据转型发展的需要,高度重视"双师型"教师队伍建设,不仅大力聘请行业、企业中学有专长、实践经验丰富的专家学者和工程技术人员等优秀人才充实壮大学院师资队伍,还逐步建立专任教师到生

---

①陶行知.陶行知全集(第1卷)[M].四川教育出版社,2005:13.

②陶行知.陶行知全集(第1卷)[M].四川教育出版社,2005:14.

③陶行知.陶行知全集(第1卷)[M].四川教育出版社,2005:14.

产管理一线学习交流机制。2016 年，学校制定下发了《重庆人文科技学院加强双师型教师引进工作的实施意见（试行）》，通过政策引导、规范管理、目标考核，努力建设一支具有现代教育理念、深厚的理论教学水平、扎实的专业实践能力，适应应用型人才培养需要的“双师型”教师队伍。2017 年，学校积极探索双师型教师队伍建设路径，制定了《双师型教师聘用管理办法》，建立了双向进入的选拔、培训、对接、激励机制，打造校企人才协同链，打通人才成长的纵向通道和校企对接的横向通道，形成人才协同链条，完善“双师型”教师培养体系，实现了专业设置与产业需求对接，课程内容与职业标准对接，教学过程与生产过程对接，职业教育与终身学习对接。

2017 年 12 月，学校成功举办了“深化产教融合，推进双师型教师队伍建设”主题研讨会，市教委相关领导、校企校地合作单位代表及社会各界人士共计 120 人到会，当场签约双师型教师约 50 人。研讨会前后，学校聘请的双师型教师还有：重庆嘉陵特种装备有限公司人力资源部部长袁义军，北汽银翔企业发展部部长蒋林，恒大酒店总经理林青山，总经理助理、人事总监徐宏君，直通国际副总经理、重庆直通物流有限公司副总经理杨佳俊，重庆华昌集团董事长王华兴博士，中铁工程设计院西南分院常务副院长、川地集团执行总裁、高级工程师张文全，成都夏尔数码科技有限公司专职培训讲师孙翊，重庆市市政委专家库成员、厦门中平公路设计院有限公司重庆分公司总经理、高级工程师张鑫，重庆园林建设集团公司总工程师凌玉光等。这些来自行业一线的“双师型”教师，通过参与课程讲授、开设学术讲座、指导专业竞赛、参与人才培养方案和课程大纲制定等方式，深度参与专业建设和学生能力培养。

除了“请进来”，学校还积极争取机会、创造条件，把专业教师送出去，通过培训、进修、挂职等方式，为专业教师成长为“双师型”教师打开培养通道。已经参加培养、培训的校内专业教师主要有：艺术学院教师杨璟被推荐到重庆电视台公共频道担任总监

助理一职；机电与信息工程学院强华老师入选重庆市第二批特色专业骨干教师海外研修项目，赴美国马里兰大学培训进修6个月；李正网老师入选中德（重庆）汽车高端技术技能人才培养项目，赴德国 Hildesheim 的手工业技能培训中心培训学习6个月；吴绍锋老师入选“双千双师交流计划”第四批交流人员，深入企业挂职锻炼一学期；李正网、武时会、吴绍锋、邓玉容等专业老师多次深入重庆歇马机械曲轴有限公司、中国水利水电总局第五分局机电机械制造安装分局等企业顶岗实习；法学院豆雨思、谭文魁老师被聘为合川区人民法院人民陪审员，孙永祥老师担任大渡口区人民法院庭长助理，王斌老师荣登中央电视台《法律讲堂》；建筑与设计学院唐湘辉、管理学院赵静两位老师被纳入“双千双师交流计划”第三批交流人员名单；工商学院双海军、吴强、艾李丽、张黎等4位老师赴新加坡南洋理工大学进行为期3个月的海外研修。

二、“生利主义”的职业设备建设

陶行知在《答朱端琰之问》中说：“制造飞机与无线电的知识，都要从制造上得来，方为有效。他要在造上学，在造上教，才能一举而成。若单在书上学，在书上教，等到造的时候势必重新学过，则以前所学的等于耗费了。”[①]他强调了“造上学”“造上教”的重要性。“造上学”“造上教”必然需要制造的设备器具，所谓“无利器而能善其事者，吾未之前闻。职业教育又何独不然？必先有种种设备，以应所攻各业之需求，然后师生乃能从事于生利；否则虽有良师贤弟子，奈巧妇不能为无米之炊何！故无农器不可以教农，无工器不可以教工。医家之教必赖刀圭。画家之教必赖丹青。易言之，有生利之设备，方可以教职业；无生利之设备，则不可以教职业”[②]。所以，实验实训设备设施是“教学做合一”之

①陶行知. 陶行知全集(第2卷)[M]. 四川教育出版社，2005:23.

②陶行知. 陶行知全集(第1卷)[M]. 四川教育出版社，2005:15.

"做"的核心和基础。

学校践行陶行知教育思想,把实验实训设备建设作为向应用型转型的重要建设内容。近年来,学校不断加大投入,启动"一院一室"建设工程,切实加强校内实践条件建设。学校先后投入近千万元新建和更新了"计算机网络实验室""基础医学和生物学实验室""新能源实训室"等。根据资源共建共享的原则,根据学科专业情况,对全校实验室进行重新调整,进一步规范调整了实验室建制,调整后实验室主要包括教师教育技能实训中心、计算机基础实训中心、行知文化创意中心3个校级实验教学中心和工商管理实训中心、工程实训中心、电子实训中心、现代制造技术中心、通信技术实训中心、基础医学与生物学实验室、护理实训中心、现代服务管理实训中心、法学实训中心、新闻采编与摄影实训中心、学前教育实训中心、艺术设计实训中心、音乐与舞蹈实训中心、戏剧与影视实训中心等19个院级实验教学中心,下设数字摄影教学实训室、互换性测量技术实验室、电子产品自动焊接生产线实训室、电机拖动实验室、汽车结构实验室、工程制图室、油画教学实训室、建筑装饰材料实验室、模具拆装实验室、园林生理生化实验室等各类基础和专业实验实训室158个,教学仪器设备价值1.3亿余元,基本能满足各专业的基础和专业实验实训教学的需要。

表3-6　近三学年设备购置与经费投入表

学年	仪器设备台数	经费投入/万元
2016—2017学年	10900	472.83
2017—2018学年	11373	923.41
2018—2019学年	11784	1116.77

数据来源:2019年实习基地建设暨实践教学改革研讨会教务处工作报告。

三、质量监控体系建设

（一）“不带半根草去”的师德建设

作为教师的陶行知，其精神追求就是“捧着一颗心来，不带半根草去”，其精神其追求都可算“万世师表”。他真的本着他在《孟禄博士与各省代表讨论教育之大要》中所说的“教师的服务精神，系教育的命脉。金钱主义，最足破坏教师职业的尊贵”①，为了中国当时的乡村教育、普及教育、师范教育、难童教育、成人教育而奔走呼号、孜孜追求，直到病逝。他在创办社会大学的过程中，提出了以人格教育、知识教育、组织教育、技术教育作为社会大学的四项教育方针。所谓的人格教育，是以哲学、通史、政治问题等必修课为重点，以唯物宇宙观和革命人生观的建立为中心，达到建筑革命的人格长城。他主张人格长城，要求育才、社会大学的师生都要建筑人格长城。陶行知在《每天四问》中说：“没有道德的人，学问和本领愈大，就能为非作恶愈大。……建筑人格长城的基础，就是道德。……分‘公德’和‘私德’两方面……私德更是公德的根本。”②

重庆人文科技学院从创建到现在，走过了 20 个年头，应该说，从董事长到普通教师，都时时践行着陶行知“不带半根草去”的奉献精神。建校初期，学校借址办学，为了早日建设好永久地址的校园，董事长李学春和施工团队冒烈日酷暑、战风雨严寒，硬是在废弃的旧工厂上建设起一所功能齐备的现代大学。搬到新址后，因为高速路没有修通，出行还是乡村土路，天晴一身灰，下雨一身泥，到重庆城区还得到盐井渡过河，办学条件十分艰苦。但是，董事长和当时的领导团队、教师队伍，秉承着陶行知在《新

---

①陶行知.陶行知全集(第 1 卷)[M].四川教育出版社,2005:334.

②陶行知.陶行知全集(第 4 卷)[M].四川教育出版社,2005:435－436.

教育》中说的“对于教育，第一，要有信仰心。认定教育是大有可为的事，而且不是一时的，是永久有益于世的……一定要看教育是大事业，有大快乐……第二要有责任性……第三，做新教员的要有共和精神。就是不可摆出做官的态度，事事要和学生同甘苦，要和学生表同情，参与到学生里面去，指导他们。第四，要有开辟精神……第五，要有试验的精神”[①]，硬是将一个借址办学、招生200余人的官办民助的二级学院办成了西部最大的独立学院，办成了重庆第一所成功转设的独立民办本科高校。这就是学校的精神、学校领导团队的精神、学校教师的精神。2014年，学校董事长李学春被教育部授予“全国先进教育工作者”荣誉称号。

为了严格师资队伍管理，学校深入开展师德师风教育。一方面，学校对师德师风严格把关，出台了《教师师德失范行为认定及处理办法》《进一步规范课堂教学行为提高课堂教学质量的意见》《教职员工修身立德遵纪守法的规定》《加强和改进青年教师思想政治工作的实施意见》等文件，建立健全了师德师风建设目标责任制，把师德建设作为学校工作考核和办学质量评估的重要指标，开展了师德规范培养教育和“爱党、爱国、爱校、爱生”及“我的中国梦”等主题教育活动。工作中，在教师聘用考核中严把政治关，在教学过程中严把纪律关，对违反师德师风的教师开展谈话，情节严重的坚决予以辞退，对教学过程中违反教学纪律的，一律按照教学事故处理办法严肃处理。另一方面，学校通过各种渠道，加强师德师风的正面引导和宣传，形成良好的舆论和校园氛围。学校不仅年年隆重召开教师节表彰会，对优秀教师和教育工作者进行表彰，并通过媒体大力宣传学校优秀教师先进事迹，如在校园官网推出“重人科幸福教育人”专题，让优秀教师的事迹感染更多教师。因为大家都相信，“真教育是心心相印的活动。唯独从心里发出来的，才能打到心的深处”[②]。所以涌现出了一个

①陶行知.陶行知全集(第1卷)[M].四川教育出版社，2005:270－271.
②陶行知.陶行知全集(第2卷)[M].四川教育出版社，2005:363.

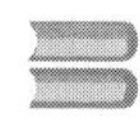

又一个为着学生发展、为着民办教育、为着普及教育、为着教育扶贫而不懈努力的教师。他们当中，有愿意用青春陪老年大学老人一起变老、被《人民日报》报道的艺术学院青年二胡演奏家王宁；有学而不厌、坚守三尺讲台、与学生共同成长的重庆市优秀教师、法学院院长李真；有知行合一、执着艺术实践、屡获大奖的重庆市民办教育优秀教师、艺术学院教师吴喜梅；有坚持初心、点燃学生学习动力的教务处处长双海军；有怀揣梦想、逆风奔跑、静待花开的建筑与设计学院党总支书记兼副院长唐湘晖；有挚爱教育、给予学生生命前行力量的计算机与工程学院副院长陈莹生；有突破瓶颈、创建课程体系新模式的管理学院副院长赵静；有为了上好课，工作初期听取近400位教师3000多节次课的文新院教师苗春华；有7年整理300余万册图书，将每本书熟记于心的图书馆管理员唐小红；有扎根教育热土、成为学生成长路上引路人的教育系主任罗英……他们身上呈现出的都是“知行合一”，都是向着学生“烧心香”，为着一件大事而来，给学生筑起人格的长城。

（二）加强监管，着力完善质量监控与保障体系

为了让“学生忙起来、教师强起来、管理严起来、效果实起来”，学校实行“三抓三促”：抓教师，促教；抓学生，促学；抓干部，促管。

1.出台系列规章制度，建立立体化教学管理制度

学校出台《高水平本科教育建设专项行动计划实施方案》《“三风”建设年活动实施方案》《“教研活动月”实施方案》《教学指导委员会章程》《教学名师评选办法（试行）》《基层教学组织建设管理办法》《一流专业培育与建设实施方案》《一流课程建设实施方案》《一流教学团队建设管理办法》《人才培养质量达成度评价管理办法（试行）》《学士学位评定委员会工作条例（修订）》《学士学位授予工作细则（修订）》《在线开放课程运行标准》《高等教育教学研究改革管理办法（试行）》《进一步加强教育教学过程管理的意见》《关于进一步加强课程过程性考核的意见》《本科毕业论

文(设计)管理办法(修订)》等规章制度,从人才培养、教学指导委员会成立、专业建设、课程建设、团队建设、项目管理、基层教学组织、加强过程性考核、论文质量等方面全方位、立体化地加强制度建设。

2.建立分级机制,加强督导与教学检查力度

为加强教学质量监控,学校探索建立了督导、干部听课、教学信息员、学生"网上评教"等四维一体的课堂监管机制。第一,通过修订《教学督导工作条例》《课堂教学管理实施细则》,组建校院两级教学督导委员会,督教、督管、督学三管齐下——通过多种形式加强对教师课堂教学工作的指导,及时与教师、辅导员、管理部门交流与反馈,促进教师改进教学、管理部门规范管理、学生改进学风,提高学校教学质量水平。第二,在督导督查的基础上,认真落实领导干部和教学管理人员听课制度,通过校、院(部)及教研室(系)各级领导干部及教学管理人员深入教学第一线,开展听课,了解情况,及时发现和解决教学中存在的问题。第三,为疏通学生参与教学管理的渠道,充分发挥学生参与教学管理主观能动性,学校建立学生教学信息中心,通过各二级学院的教学信息站和教学信息员,及时收集学生对教育教学各方面的意见建议,以促进教学信息交流、维护教学秩序稳定、督促教师提高教学质量。第四,制定学生评教工作条理,明确评教指标体系,积极推进学生评教工作,采取关联机制以提升学生评教质量,并将评教信息及时反馈给相关老师。在四维一体加强课堂监控的基础上,学校建立教学质量监控"六查"制度,通过查教案、查授课、查教学质量、查教学纪律、查作业与考核材料、查实践教学,让教学效果实起来。为了抓好"六查"工作,职能部门在重要时间节点,如开学第一天及清明节、劳动节、端午节、中秋节、国庆节等节前节后,及时组织开展各类教学检查,保障学校在开学初期和每次节前节后教学工作的顺利进行,维护正常的教学秩序。同时,加强教学关键环节的质量控制,重点对人才培养方案、课程教学大纲、过程考核规范、试卷命题质量与评阅规范、毕业论文选题、指导与质量等关

键教学环节开展专项检查和整改。

3. 探索应用型人才评价制度,积极推进课程考核方式改革

为适应应用型人才培养目标,构建更加科学有效、公平公正的教学质量考核评教体系,促进教风、学风和考风建设,学校积极推进课程考核方式改革。学校出台了《教考分离课程考核管理办法》,并在《思想道德修养与法律基础》《毛泽东思想和中国特色社会主义理论体系概论》《大学数学》《大学物理》《C语言》《电工电子技术》等课程试行教考分离,取得了良好的教学效果。结合重庆市高等教育教学改革项目"转型背景下的民办高校课程考核改革效果评价实证研究",课程考核方式改革力度将进一步加强。

第四章 陶行知教育思想融入教师队伍建设

教师是人类社会较为久远的职业，被誉为“太阳底下最光辉的职业”，这一职业不仅影响每一个学生，而且影响一个国家甚至一个民族。正因如此，古今中外的任何一个统治阶级和统治者都比较重视教育和教师队伍建设，对从事教育职业的教师进行了严格的规范。这种严格的规范，既有法律层面的规定，又有道德层面的规范。教师队伍的建设是一个系统工程，属于“百年大计”“千年大计”。所以，一所好的学校，不仅注重“大楼”的建设，更要重视师资的引进、师资队伍的建设以及“大师”的培养。陶行知先生教育思想的具体实践者——重庆人文科技学院，按照党中央、国务院有关教师队伍建设的要求，将陶行知教育思想融入其中，全方位、全过程、多层次开展教师队伍建设，提高教师队伍的专业思想、专业能力。

陶行知先生特别重视教师队伍建设，他认为教师无论在学校中还是在社会上都具有极其重要的地位。在他看来，教师是学校职能的主要体现者，学校的好坏要靠教师。所以，他特别强调，学校要重视教师队伍建设。他说，教师是“社会改造的领导者”①，是“手里操着幼年人的命运”②和“操着民族和人类的命运”的

①华中师范学院教育科学研究所．陶行知全集（第 2 卷）[M]．湖南教育出版社，1985：128．

②华中师范学院教育科学研究所．陶行知全集（第 2 卷）[M]．湖南教育出版社，1985：128．

人。[①] 他不但从教师与学校的关系中认识到教师具有举足轻重的地位和作用,而且还进一步从教师与社会的关系中认识到教师具有关系到国家和民族前途命运的地位和作用。他指出:教育是国家万年根本大计。在他看来,教师不仅是人类文明的传播者和教育职能的实施者,而且还是推动社会发展的重要力量,牵动千家万户,关系着一个国家的前途和民族的命运。

重庆人文科技学院将陶行知教育思想融入教师队伍建设,就是要着力打造一支传承和弘扬陶行知先生教育思想,确立以学生为中心的育人理念,倡导"持正守德,勤思善教"的师风,具有"知行合一"品质的教师队伍。学校始终关注新进教师的理想信念、道德素养、业务能力,并不断创造条件提升教师的专业品质,充分发挥教师的主动性、积极性和创造性。

第一节 "捧着一颗心来":融入教师的入职选聘

在陶行知先生看来,"校以师为本",教师是学校立校之前提,没有教师,何来学生? 没有教师和学生,学校就不成其为学校。所以,教师是学校职能的主要体现者,学校的好坏要靠教师。创办学校,当然要选聘好教师。践行陶行知教育思想,首要的就是要将陶行知教育思想融入到教师的入职选聘之中。如何选聘教师? 选聘什么样的人当教师? 这是重庆人文科技学院教师队伍建设的头等大事,必须抓好。

一、广开渠道选聘教师

没有人,事情就办不成;没有教师,学校也就不能成立和发

---

① 华中师范学院教育科学研究所. 陶行知全集(第 2 卷)[M]. 湖南教育出版社,1985:128.

展。陶行知先生当年在合川创办育才学校时，十分注重广开渠道，引进教师，使得育才学校越办越大，越办越好，誉满天下。所以，重庆人文科技学院创立之初，秉持陶行知这一思想，决定通过多种方式和多条渠道选聘不同层次的教师（初级、讲师、副教授、教授、知名专家等），组建自己的教师队伍，并为建设好这支队伍打下坚实的基础。

陶行知先生认为："教育者应当知道教育是无名无利且没有尊荣的事。教育者所得的机会，纯系服务的机会，贡献的机会，而无丝毫名利尊荣之可言。"[①]教师有很多类别，而真正的教师，要成为教育家；真正的教师，要追求卓越；真正的教师，要不断发展和完善自己。作为一所现代化的高等学校，重庆人文科技学院组建自己的教师队伍，自然是一项长期的且系统的人才建设工程。实施这样的工程，既要有开放的胸怀和眼光，又要有严谨的思路和工作作风。到底通过什么样的渠道和采取什么样的方式，从哪些领域去招聘教师，才能满足学校日益增长的教学需要呢？重庆人文科技学院多次召开院务会研究决定：广开三条渠道，择优招聘引进不同层次的教师。

第一条渠道是着眼于当前，面向重庆市乃至全国的高校，礼聘和招聘刚从教学或者管理岗位上退下来的老教师，主要对象是副教授以上职称的人员。其入职后直接担任学校的教学及管理工作。因为这些老教师的思想素质比较好、专业精通，有较为丰富的教学经验、管理经验等，具有副高以上职称，身体健康，能胜任较为繁重的教学工作，能带动青年教师成长和提高。这是学校重点招聘对象。本着"立竿见影"和快速适应社会办学的需要，重庆人文科技学院的招贤纳才工作首先在重庆市乃至全国高校退休教师中展开。对这部分教师的招聘，在很大程度上是礼聘恭请，即通过相熟悉的干部或者教师的推荐或举荐，直接征询本人意见，聘请其为重庆人文科技学院的全职教师。通过这条渠道，

① 陶行知．陶行知全集（第1卷）[M]．四川教育出版社，2005：306．

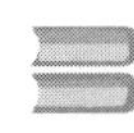

学校先后从西南师范大学(现西南大学)、重庆大学、西南政法大学、西南农业大学(现合并入西南大学)、重庆师范大学、重庆工商大学、四川外语学院(现四川外国语大学)、四川美术学院、重庆市委党校、西华师范大学、四川文理学院、四川内江师范学院、三峡大学、南昌大学等高校聘用了一大批教授和副教授。如现当代文学教授苏光文、胡国强、郭久麟,语言学教授徐光烈,法学教授黄名述,政治学教授魏杰、刘开寿、李永胜、赵明富,英语教授江家骏、何桂金,历史学教授许增竑、胡长林,数学教授谢盛荣、伍炯宇,美术学教授张方震、王大同、龙德辉、钟定强、朱万芳,音乐学教授冯鄂生、胡钟刚等一大批教学经验丰富、师德修养良好、多有著述成果的有一定社会影响力的著名教授。他们所代表的老教师群体,怀着几十年形成的高校教学情结,成为重庆人文科技学院教师队伍的中坚力量和领头羊,支撑着学校教学的一片晴空。

同时,作为这条渠道的延伸,学校还从重庆市的一些重点中学,如当时的西南师范大学附属中学(今西南大学附属中学)、重庆朝阳中学、北碚职业技术学校、巴蜀中学、重庆一中、重庆三中、重庆八中等聘用了一批语文、数学、外语、思想政治教育等基础课的高级教师,或开设大学语文课,或开设预科教育基础课。他们勤谨严格,十分敬业。

第二条渠道是立足长远,面向全国高等院校招聘优秀本科毕业生和硕士毕业生(2010 年后,一些专业开始招聘引进海内外高校的博士毕业生),以充实青年教师队伍。学校"师陶立位",放眼未来,坚持将教师队伍建设作为重中之重。为了做好这一工作,学校党政及董事会决定采取多种措施,推进此项工作。从拓宽渠道和提高待遇两个方面入手,加大青年教师引进的力度,与教育人才网、南方人才网等招聘网站以及重庆市人才市场建立合作关系,发布招聘各类人才信息,向国内外公开招聘青年教师,还向近百所高校公布招聘信息,并参加北京、武汉等重大城市举办的人才招聘会以及四川大学等几十所高校举办的人才供需见面会,千方百计罗致各方人才,引进青年教师。这项举措产生了强烈的社会影响，北京、上海等地高校的优秀毕业生也纷纷前来应聘。仅以 2004 年为例，学校原定招聘 120 人(含管理人员)，实际前来应聘的达上千人，结果招聘了 120 多人；2005 年，学校原定招聘 150 人(含管理人员)，报名应聘数超过了 5000 人，结果招聘了 170 多人。2006 年，共有 1400 多名本科生、1000 多名研究生和 60 多位正教授、副教授等报名竞争重庆人文科技学院(当时叫育才学院) 150 名教师岗位。作为这条渠道的一部分，当时的重庆人文科技学院也选留了少量的本院优秀毕业生做教学及教务管理工作等。青年教师的招聘，增添了重庆人文科技学院的活力和生机。他们中不乏勤奋好学、刻苦钻研、教学有方的优秀人员，代表着重庆人文科技学院的未来和希望。虽然，他们在专业水平、教学能力和工作经验方面不如退休教师，但把他们培养成为一支富有朝气的热爱重庆人文科技学院的青年教师队伍，是学校事业长远发展的必然选择，必须下力气抓好这一工作。只有这样，学校的各项事业发展才有坚实的基础和可靠的保证。

第三条渠道是改善结构，面向重庆市乃至全国高校在职青年骨干教师进行招聘和引进。这种招聘本着“不为我所有，但为我所用”的原则，通过招聘，达成合作协议。建立至少一年以上的聘用关系，在保障完成所在学院教学科研任务的同时，担任重庆人文科技学院的特聘兼职教师，接受重庆人文科技学院的统一排课，按重庆人文科技学院的教学要求进行教学活动。在此基础上，学校于 2005 年起进一步推出了“人才引进”新办法，用优厚待遇吸纳各种专门人才，从根本上改善教师队伍结构，避免“近亲繁殖”(大部分来自西南师范大学)、“单一属性”(女性占绝大多数)现象。通过这种方式，引进了一批知名专家和年轻学者，且绝大多数是男性。对这些人才实行年薪制、特聘制。他们不是重庆人文科技学院的匆匆过客，而是重庆人文科技学院创业时期的鼎力相助者。重庆人文科技学院的历史中，应该有他们深深的印痕。

此外，由于学校新专业不断创办，师资力量短缺的现象依然存在，诸如艺术专业和管理专业中某些课程的要求特殊，而一般

普通高等学院又缺乏这些课程专业的教师，学校不得不"特事特办"，聘请非教师但有教学能力和经验的专业人员担任兼职教师。如航空服务专业，从航空公司聘用；舞蹈表演专业，从重庆市话剧或歌舞剧团的一级演员中聘用；广播与主持专业从重庆市电视台等高级专业人员中聘用，竭力保证专业课程的教师满足教学的需要。

在招聘新教师过程中，学校各级领导和相关部门坚持"以陶为师"理念和"资格准入"制度，依据"按需设岗、公开招聘、平等竞争、严格考核、择优聘任、合同管理"原则聘用新教师。严格实行招聘制，是民办高等学院实现体制创新的一大举措，也是民营学校办学机制的一大优势。时至今日，重庆人文科技学院的所有人员尤其是教师，几乎都是通过公开招聘、严格考核进来的，进来后，一律实行从试用到正式聘用的过程。

为了把学校事业发展需要的人招聘进来，学校主要采取两种相互促进的招聘方式：一种是公开的一般性招聘，另外一种是公开的特殊性应聘。

第一种是一般性招聘。所谓一般性招聘，主要是指学校组织人事部门（后来为干部人事处）拟订招聘条例，在网站、电视、报刊等传媒上发布，明确岗位需求、职责义务、应聘条件、工资待遇，由应聘者根据自身情况提出应聘申请。学校组织人事部门对申请者进行初审，看是否符合招聘要求（包括专业、学历学位、政治面貌、年龄、性别等等）。符合要求的，再提请相关二级单位审核，审核通过了，回报组织人事部门。由组织人事部门通知应聘者，做好面试准备，听候具体试讲通知安排。招聘单位根据学校组织人事部门的规定，按照其应聘的专业教学方向，在规定时间统一安排面试考核。面试考核由组织人事部门同相关二级学院负责人组织的专业教师（副高以上职称人员）组成招聘考核工作组，一一进行面试考核，根据面试考核情况，决定是否建议录用。

招聘考核分三个环节：第一个环节是交谈。用人单位党政领导通过与应聘者交谈，全面了解应聘者的学习与生活工作经历，了解其知识结构、谈吐和修养等。第二个环节是教学试讲。试讲工作由二级学院组织，原则上要组织面试、试讲工作小组，二级学院院长为组长，党政领导成员、教学秘书、行政秘书、相关教学系主任等成员参加。试讲由考核评议组进行，参加评议成员由教务处、组织人事处、相关二级学院领导及专业教师等组成。应聘者要根据指定的教学内容进行现场讲课，讲课时间一般为30分钟。第三个环节是评估。参与听课的专家、老教师们对应聘者进行全面评估，看其是否有能力和水平担任某一课程的教学。三个环节完成之后，由用人单位的院系主要领导提出是否录用的建议并签署明确意见，上报学校主管教学的副院长审批，再经人事部门汇总提交学校院务会一一按条件进行审议，审议通过后，还要提请董事会审核，最终决定是否聘用，最后由组织人事部门将结果通知应聘者，签订聘用合同书。

运用这样的招聘方式，目的是从教师的来源上把住质量水平关。对重庆人文科技学院而言，这样的招聘主要面向应届或者往届本科以上毕业生。在这样的招聘中，贯彻重学历同时更重能力和经历的原则。重庆人文科技学院绝大部分的青年教师就是通过这种方式招聘进来的。

第二种是特殊性应聘。这种特殊性应聘又分两种情况：一种是由学校直接聘用为二级学院的专职教师，这主要是原在高等院校教学多年、效果优良、颇具影响的即将退休或者刚退休的教授，如黄名述、王大同、江家骏、冯鄂生等。其中，也有不少是未到退休年龄的人员，如正当壮年的当时的西南师范大学外国语学院教授李长泰，音乐学院教授文思隆，在北京师范大学博士后科研流动站进行研究的当时西南师范大学美术学院教授梁玖博士，以及即将退休的当时西南师范大学政法学院教授刁隆信等。另一种是聘用为客座教授，客座教授往往是在全国颇有影响，有意愿来学校指导青年教师或承担专家队伍引领任务的，能在一定时期来学校为青年教师和学生做学术型讲座的知名专家，如担任学校学术委员会名誉主任的中国科学院院士、南昌大学原校长潘季鎏教

授，担任学院艺术指导委员会委员的著名文化学者、上海戏剧学院院长余秋雨教授等。此外，还聘请了一批社会知名人士为荣誉教授，如著名黄梅戏艺术表演家马兰女士等。

通过这些渠道和方式，学校逐步建立起一支属于自己的较为稳定的中青年为主、老教师统领的教师队伍。

随着学校办学规模日益扩大，教师招聘制度日益成熟。2009年，学校制定了《教职员招聘的有关规定》，对董事会、学校校务委员会到干部人事处、各用人单位等，都一一进行了规范，对计划申报、计划制定、资格初审、新进教师基本条件、退休教师基本条件、业务考核、复试签约等都作出了详细的规定，促使教师招聘工作制度化、规范化、程序化。

如今，20 年过去了，学校从当初的 23 名管理者，且所有教师全部来自当时的西南师范大学相关学院，到 2020 年初，已经达到 1600 多人。每年学校都要面向海内外高校招收新的教师和管理人员。

二、精挑细选"捧着一颗心来"的人

陶行知先生奉行的一句格言是"爱满天下"。陶行知先生是一位伟大的教育家。他本人曾说，自己是"捧着一颗心来，不带半根草去"，他希望天下教师都树立"不要名，不要利，只要教育好；不怕难，不怕死，只怕教育不好"①的坚定志向。这种坚定志向，就是要为国家、为民族、为人民做奉献。陶行知先生表示："故鄙人今亦有二语告于诸君，即男师范生应以教育为之妻，女师范生应以教育为之夫，有此定力，则赴汤蹈火，在所不辞，鞠躬尽瘁，死而后已。吾身不成，吾子绍之；吾子不成，吾孙绍之；子子孙孙，世世代代，相续无间，海可枯而吾之志不可枯，石可烂而吾之志不可

---

①陶行知．陶行知全集（第 1 卷）[M]．四川教育出版社，2005:222.

烂。”[①]教育的乐趣就在于“愚蒙者，我得而智慧之；幼小者，我得而长大之；目视后进骎骎日上，皆我所造就者”[②]。

众所周知，陶行知先生立志教育救国和教育强国，历经多年努力，终成自己小小夙愿。1939 年，在日本帝国主义大举侵略中国，民族危亡、国难当头的特殊时期，他来到重庆合川凤凰山下的古圣寺创立了育才学校，希望通过自己的不懈努力，为国家和民族培养有用之才。陶行知先生立足于国家民族自救的高度，在当时那种民族到了最危险的时刻来讲，非常了不起。“若因负大才能抱大兴味，其将何以自待？吾见今日师范毕业者，有一部分人不办教育，或办教育而不尽心力者，皆由初未能自省也。然则，以上所说均成空谈矣。鄙人此番之话，方为负大才能抱大兴味而入师范学校者言之，望诸君皆注意焉。”[③]“高尚的生活精神不用钱买，不靠钱振作，也不能以没有钱推诿。用钱可以买来的东西，没有钱自然买不来；用钱买不来的东西，没有钱也是可以得到的。高尚的精神如同山间明月、江上清风一样，是取之无尽，用之无穷的。没有钱是一事，没有精神又是一事。有钱而无精神和无钱而有精神的学校，我都见识过。精神是不靠钱买的。精神是在我们身上，我们肯放几分精神，就有几分精神。不关有没有钱，只问我肯不肯把精神放出来。”[④]

陶行知先生还有未尽之事业，那就是他想办所“育才”高等学校。这个愿望，直到 21 世纪之初，才由重庆人文科技学院（前身为“行知育才学院”）的创办者们实现了。这些创办者“以陶为师”“师陶立制”，就是践行中国共产党人为中国人民谋幸福、为中华民族谋复兴、为人类谋和平与发展的初心和使命。

学校组建后，百业待举，如师资、专业、校舍等等，从无到有，

---

①陶行知．陶行知全集（第 1 卷）[M]．四川教育出版社，2005：222.

②陶行知．陶行知全集（第 1 卷）[M]．四川教育出版社，2005：220.

③陶行知．陶行知全集（第 1 卷）[M]．四川教育出版社，2005：222.

④陶行知．陶行知全集（第 2 卷）[M]．四川教育出版社，2005：252－253.

从弱到强。找到了选聘教师的渠道和方式,还面临着用什么样的标准去选聘的问题,选什么样的人的问题。

在选聘教师的过程中,学校党政包括董事会领导深深体会到,要选聘邓小平所说的“有理想、有道德、有文化、有纪律”的好教师,更要按照习近平所提出来的“有理想信念、有道德情操、有扎实知识、有仁爱之心”的标准去选好老师。陶行知说:“对于教育……要有信仰心。认定教育是大有可为的事,而且不是一时的,是永久有益于世的。不但大学校高等学校如此,即使小学校也是大有可为的。”①作为践行陶行知教育思想的一所应用型地方性民办高等学校,重庆人文科技学院在教师人员招聘中,更要贯穿落实和充分体现这些思想。

重庆人文科技学院的教师队伍建设经历了三个时期,每个时期都贯穿和融入了陶行知先生“捧着一颗心来”的理念:

1.2000 年到 2005 年,以当时的西南师范大学校本部选派和选聘优秀老教师为主的时期

这个时期的教师队伍建设没有遇到什么实质问题,无论是教师的思想道德素质,还是业务能力,都堪称一流。

办学之初,重庆人文科技学院的任课教师和管理人员一律由当时的西南师范大学校本部选派。当时的校本部党委行政高度重视,要求相关学院党政领导,必须注意将素质好、敬业的副高职称教师派往重庆人文科技学院,承担教学等任务。所以,那时的重庆人文科技学院的第一、第二届学生几乎享受的全部是当时西南师范大学最好的师资资源,他们接受的教育,皆是与西南师范大学本部学生的一模一样。

2001 年,全国普通高等学校再次进行大规模扩招,当时的西南师范大学也相应进行扩招,学生人数大幅度增加,一些二级学院的教师出现了短缺,无法继续选派教师前往重庆人文科技学院

---

①华中师范学院教育科学研究所.陶行知全集(第 1 卷)[M].湖南教育出版社,1984:127.

任教，这就迫使重庆人文科技学院得自己想办法解决师资缺口问题。加之，重庆人文科技学院当年的招生人数也有较大幅度增加，为此，重庆人文科技学院党政及董事会决定实施自己招聘专职教师计划，到年底，共招聘了 12 名教师，实现了自有教师零的突破。2002 年、2003 年，招聘的年轻教师逐年增加，但选聘和礼聘的教师依然是学校教师的主体，达到 80%以上。选聘和礼聘老教师的比例过大，不利于学校教师队伍的稳定和健康成长，且相当数量的年轻教师还是在当时的西南师范大学就读的硕士研究生，他们的时间和精力都不足以保证重庆人文科技学院的教学，其教学经验不足更是不利于教学质量的提高。

这个时期一些年轻教师进入了重庆人文科技学院这样一所山间学校，由于当时学校处于艰难起步阶段，和那些地处大学城交通方便、房舍崭新、待遇优厚的大学相比确实存在差距，有些年轻教师进来不久就开始心里动摇，"跳槽"（到别的高校）、"辞职"（干别的事情）、"高就"（考硕、考博、考公务员）现象频频出现，教师队伍出现不稳。面对这种情况，学校不得不思考如何稳定青年教师安心工作的问题。于是，加强教师队伍建设的问题摆到议事日程上。

2003 年 5 月，王长楷（原西南师范大学党委书记）出任重庆人文科技学院院长，董事会相继聘用了曹廷华（原西南师范大学文学院院长）、夏子贵（原西南师范大学经济政法学院院长）等著名教授担任主管教学的副院长，他们与历经艰苦创业依然奋斗不息的时任育才学院直属党支部书记张卫平、副院长罗世全（原西南师范大学物理学院党总支书记）等组成了重庆人文科技学院新的领导班子。领导班子成员面对重庆人文科技学院自身教师人员短缺以及年轻教师不安稳的严峻问题，决定从长计议，考虑教学现实和发展前景，向学校党政联席会和董事会提出，要着手从根本上解决教师队伍建设问题，着力尽早改变礼聘和外聘教师比例过大以及青年教师队伍不稳定的现状。

2003 年 12 月 31 日，重庆人文科技学院成立了教师队伍建

设领导小组，由校长王长楷直接担任组长，党工委书记张卫平、副校长曹廷华担任副组长，副院长夏子贵、副院长罗世全以及王之起、柏明玖、刘福祥、肖定寿、杨国伟、闫莉以及党政办主任、组织人事处处长、教务处处长等为成员。他们经过充分的调查研究后，先后制定了《学校 2003—2010 年教师队伍建设规划》《学校关于 2005 年加强教师队伍建设的意见》《学校关于进一步加强青年教师队伍建设的意见》等一系列文件，并严格执行。

按照“引进、稳定、培养、使用”的教师队伍建设方针和“开放、创新、精干、高效”的教师队伍建设原则，从 2004 年起，重庆人文科技学院开始成规模引进经验丰富的老教师，招聘优秀的年轻教师，加快了教师队伍建设的步伐。成规模招聘和引进教师的决定，是一个改变重庆人文科技学院依附命运而走向真正试办独立学院的历史性决定，它让重庆人文科技学院有了底气、自信和发展的后劲，为 2004 年、2005 年以及后来招生规模逐步扩大奠定了师资资源基础。

这一时期，重庆人文科技学院教师队伍中的老教师和年轻教师的比例开始发生变化，教师队伍建设取得了初步的成效。

必须指出的是，此时的重庆人文科技学院主要依托当时的西南师范大学校本部的优势，聘请的师资基本上是一流的，他们参与教学和管理，使人才培养质量保持高标准。据统计，从 2000 年到 2005 年，重庆人文科技学院各二级学院(系)行政负责人中，有 80％以上来自当时的西南师范大学，各学科的任课教师中，85％以上来自当时的西南师范大学的离退休人员和在职教授、副教授、讲师，只有极少数来自在职中青年教师和新进教师。这些教师“不图名、不图利”，践行陶行知先生“捧着一颗心来，不带半根草去”的信念，无论是年长的、年轻的教师，还是新进的教师，人人都本着奉献、发挥余热、奋斗的精神，带着冲劲，呕心沥血，勤勤恳恳，任劳任怨。重庆人文科技学院组建初期，校舍是购买的原国防兵工企业的华川机械厂废弃的厂址和房舍，基本不能直接用于教学，需要进行大规模的改造，校舍没有改造整理好之前，重庆人文科技学院借用的是合川区委党校场地，“寄人篱下”不免有些艰苦。后来，重庆人文科技学院搬进了处于交通相对封闭、条件较为简陋、物质较为匮乏的“华川机械厂”山区场地，生活确实艰苦，老师们自始至终不讲条件默默奉献。正是因为教师的这种为了“育才”而奉献牺牲的精神影响着孜孜求学的年轻的学子们，他们中的一些优秀的学生后来毕业时选择了留校，选择了留在山区的“华川”（育才学院）追随这些老教师的高贵品格，把这种“育才”精神继承了下来，而且加以了发扬光大。

2.2006 年到 2010 年，招聘优秀年轻教师和引进优秀老教师相对平衡时期

为了提高教师队伍的整体水平，在教师队伍不断扩大、较为稳定的基础上，学校对教师招聘提出了更高的要求：严格把好聘用青年教师质量关，把素质优良的毕业生选聘到学校教师队伍中来。招聘时不合格的不试用；试用时不合格的不聘用；聘用后考核期不合格的予以解聘。对外校申请调入学校的青年教师，要认真考核、考察，对在原单位表现不好的教师，学校一律不予聘用。学校、学院组织领导小组和工作组严格程序，全面考核、考察。学校《关于进一步加强青年教师队伍建设的意见》指出：要实事求是地向应聘者讲清学校的条件、待遇、聘期、制度等有关问题，尽可能选聘政治、业务素质较高，有艰苦奋斗思想准备，愿意履行聘约的人员到学校任教。

3.2011 年到 2020 年引进招聘年轻优秀教师占主体的时期

为了学校事业长远发展需要，学校党政及董事会决定进一步扩大招聘年轻教师的比例，逐步减少招聘老教师的比例。通过不断努力，年轻教师的比重逐步加大。从 2011 年到 2019 年底，年轻教师与老教师的比例分别是：2011 年，大概是 50％∶50％；2012 年变为 55％∶45％；2013 年变为 60％∶40％；2014 年进一步转变为 65％∶35％；2015 年则转变为 70％∶30％；2016 年、2017 年基本保持在 75％∶25％这个状态；2018 年则变为 80％∶20％，这是我国现阶段民办高校最合理的师资结构。

第二节 “不断提高创造活力”:融入教师的发展培养

教师队伍建设不仅是一个招聘、引进的问题,还需要加强对教师的培养、管理和提高。教师队伍建设和教师自身专业发展不是一蹴而就的,而是要经历一定的过程,逐渐成长和发展。教师个体从新手到专家的专业发展之路是漫长的,却也是教师成长的必经之路。教师要不断完善自我,成为人师,成为教育家,成就卓越。学校在培养、管理、激励中不断为教师营造发展环境和空间,教师队伍建设才会收到实实在在的成效。为此,重庆人文科技学院“以陶为师”“师陶立制”,采取了一系列培养、管理和提高教师,尤其是青年教师能力水平的措施,将陶行知教育思想很好地融入到教师的发展培养中。

一、融入教师在职培训

招聘教师,只是教师队伍建设中“万里长征的第一步”,接下来最重要的是如何管理好、建设好、培养好、使用好教师,让他们在“师陶立位”“研陶立论”中发挥聪明才智,践行陶行知教育思想,培养造就千百万中国特色社会主义事业建设者和接班人。要给学生“一滴水”,教师必须拥有“一桶水”,要培养学生的“生活力、自动力、创造力”,教师就必须拥有这“三力”,尤其是创造力。陶行知要求:“我们做教师的人,必须天天学习,天天进行再教育,才能有教学之乐而无教学之苦。”[①]他曾指出:“大学教育的要素有二:一个是使学生养成用科学方法解决问题的能力;一个是教

---

①华中师范学院教育科学研究所.陶行知全集(第3卷)[M].湖南教育出版社,1985:605.

师与学生应当养成密切的关系。一个是关于思想，一个是关于情操。这两椿事体要是能做的到，那才不辜负说什么大学的教育呢。”①

重庆人文科技学院经历了一个由老教师为主逐步转变为以年轻教师为主的过程，在这个转变过程中，对年轻教师的培养提高就显得越来越重要。2003 年以前，当时的育才学院的教师以当时的西南师范大学派遣的副教授、教授为主，教师的培训培养全部在当时的西南师范大学进行。随着重庆人文科技学院年轻教师的逐步增加，教师在职培训在西南师范大学（今西南大学），都不太现实，必须从长计议。2004 年，学校专门设立了青年教师队伍建设领导小组，由校党委书记张卫平任组长，组织人事处、教务处、科研处、教师教育发展中心等相关职能部门负责人参加，在组织人事处设办公室，主要会同教务处规划，教师发展中心操办有关青年教师培养的日常工作。按照学校《关于进一步加强青年教师队伍建设的意见》和国家《高等学校教师培训工作规程》，采取多种措施和途径，把青年教师的培养制度化，促使其在师德修养、知识结构、教学能力和教学水平各方面综合提高。2005 年 4 月，学校召开了青年教师队伍建设专题会议，作出了一系列相关决定，从而加大了青年教师队伍的培养力度。

重庆人文科技学院在青年教师的管理培养工作中“学陶立制”，建立了一整套制度机制，归纳起来，主要坚持和实施了以下几个方面的制度，将陶行知教育思想融入学校相关制度，用制度规范教师行为：

1.“学陶立制”，制定培训制度

首先是强化对青年教师的培训。招聘的青年教师进入学校后，必须经过至少三级的入职培训：第一级培训就是参加重庆市教委人事处主办、重庆市高校师资培训中心承办的“重庆市高校新进教师岗前培训”。培训时间一般集中在新入职教师到学校报

① 陶行知. 大学教育的二大要素[J]. 南开周刊，1923(55).

道后的当年的7月底到8月中旬，主要集中学习《高等教育政策法规》《高等教育学》《高等教育心理学》《高等学校教师职业道德修养》以及《现代教育教学技术的应用》等，每一位参加培训的教师除了要认真听相关专家教授讲课外，还要参加四门必修课的闭卷考试，考试合格者，视为通过；考试不合格者，必须补考。补考不合格者，第二年重新参加培训。除此之外，每位年轻教师还要准备一堂课的教案、课件，分小组试讲，小组推出代表参加全班的公开讲课。所有人的试讲，参训学员相互点评，最后由指导专家进行综合评价。指导专家还要根据相互点评等情况给每一位参训学员试讲成绩，合格者，方可进入高校教师资格证的申请程序。

第二级培训是参加重庆人文科技学院自己组织的上岗培训。在参加完重庆市高校新进教师岗前培训之后，学校教师发展中心结合学校的实际情况，单独组织新入职的教师进行职业教育培训。该培训为期一年左右，主要利用每周三中午和周六一天，集中培训，邀请有关校内外专家举办讲座。同时安排参训教师带着任务与老教师一起体验和感受教学等。这个培训的主要内容是进行校史、校训教育，校纪、校规教育，陶行知教育思想教育，党的教育方针教育，教师职业道德规范教育，学术规范、教育教学技术教育等。除了专家授课外，还邀请学校党委书记、校长、副校长、纪委书记，宣传部、组织部、人事处、教务处等领导做讲座。参加培训的新教师，必须完成相关内容的学习和交流，并拟定自己的发展计划，教师发展中心组织专家对每一位新教师的发展计划进行指导，并提出建议，以便帮助青年教师尽快明确学校的教学科研规范，尽快适应学校要求。

作为这一级培训的延伸，学校还开展了新进教师专业发展研修培训，为推进这项工作的有序开展，2018年学校专门成立了独立建制的教师教育发展中心，启动了更为系统、规范、科学的培训工程。专业发展研修培训，以提升新进教师教学基础能力为主线，围绕新进教师专业成长、师德修养、教学设计和课堂教学等内容，通过集中研习、督导督教和教学展示等方式进行。该培训以学校的办学精神与育人理念为指导，旨在帮助新进教师全面审视专业能力建设的重要性，并能够从学科与教学规律两个视角，思考课堂教学与课程建设所需要的知识、技能和态度，规范教学过程和教学行为，提升教学设计、实施、分析的基本能力，并提供信息技术、科研能力、职业规划等素养训练，全面促进新进教师职业发展。培训期间，为提升新入职教师教书育人能力，规范教学行为，帮助新入职教师尽快站稳讲台，根据《重庆人文科技学院督导工作条例》《关于进一步规范课堂教学行为 提高课堂教学质量的意见》以及合格评估中有关教师行为规范的要求，教育督导与评估建设办公室将安排校专、兼职教育督导委员，根据当年学期课程安排对每位新入职教师进行随堂听、评课。每位新入职教师将安排不低于 2 名教育督导委员听课，填写课堂教学情况评价表，并以此表作为考核依据。为检验培训学习效果，在培训学习期结束之际，每位新进教师需提交一个 15 分钟的教学设计和课件(注：教学设计内容是一个完整的教学过程，既不是 45 分钟课堂的压缩，也不是 45 分钟的节选，而是 15 分钟的专门设计)，并进行汇报授课，展示教学综合能力，专家评审小组听取每位教师的微课讲授，进行考核评定。新入职教师在研修期间，须完成规定研修内容，通过考核评审，方可获得教师教育与职业发展中心颁发的结业证书。研修考核成绩由教学督导委员会考核成绩、教学展示评定成绩、考勤及研修作业完成情况三个部分按比例构成。研修考核成绩将作为试用期满考核依据，以及年终业绩考核、年度优秀教师评定、职称晋升等工作的重要依据。

第三级培训是参加各二级学院组织的教学技能培训。这个培训一般是由新进教师所在学院的院长、书记、专家，围绕本学科、专业、教育教学技术等展开。

2.“研陶立论”，制定考研读研制度

为了让年轻教师迅速成长，提升学历学位，学校制定了相应制度，选派优秀青年教师在职攻读硕士或者博士学位，或者到国内重点大学访学进修。学校教师队伍在组建初期，主要是由当时

的西南师范大学的教师组成，他们的学历学位或者职称都比较高。随着学校教育事业的发展，随着年轻教师（有一些是本科）的大量招聘，提升青年教师的教学科研能力这一问题日益严峻。学校为鼓励青年教师进一步提高自己的教学科研能力和水平，制定了在职教师学历学位提升计划，鼓励他们一边教学，一边参加报考国家增设的高校师资硕士、在职人员攻读硕士学位、教育硕士等。学校还专门与拥有硕士学位授权点的高校，尤其是当时的西南师范大学（现西南大学）等建立合作机制，专门为重庆人文科技学院举办研究生班、研究生课程进修班，尽可能便利在职人员攻读硕士学位等。通过这些举措，大大提高了学校青年教师的学历学位层次。为了激励青年教师参加这些学历学位培训，学校还专门出台政策，对取得硕士学历学位的研究生或学位之后自愿延长服务期 3 年以上的教师，提供 2/3 的学费，享受学校引进硕士研究生（毕业）的优惠待遇。这项举措，一般是在重庆人文科技学院工作满 4 年及以上的，有发展潜力，且愿意继续为学校教学科研发展尽心尽力的中青年骨干教师，通过自愿申请、学校审核，或者根据学科发展需要、学校安排，推荐到全国著名高校参加硕士或者博士研究生学习，攻读相应的学位。

与这项措施相配套的是选派青年教师外出访学进修。学校为此制定专门的制度，根据学校事业发展和学科建设、课程建设的需要，有计划地选派青年骨干教师到国内重点大学进修或出国出境深造，提高教师的教学能力与业务水平。2004 年 6 月，学校启动了第一批青年骨干教师的国内进修计划，选派了袁秋月、谢科等 5 名美术教师到首都师范大学进修急需开设的课程。王长楷校长还在北京开会期间，专程看望了这些进修的教师，关心他们的生活和学习，使他们备受鼓舞，表示要为学校教育事业发展学习好。

3.“师陶立位”，制定资助计划

学校推出一系列的资助扶持计划，帮助青年教师在教学科研上尽快成长起来。学校每年都要有针对性地开展教学、科研立项，规定35周岁以下的教师可以申报。为使青年教师适应教学科研，学校还邀请有关专家学者前来为他们进行培训，教他们如何申报课题，如何发表文章。

学校实施专业课教学科研示范团队建设计划，把一大批青年教师组织起来，通过老教师的带领，组建各种专业课教学示范团队，形成合力。2008年以来，学校先后组建10多批校级示范团队，并打造了3个市级示范团队。通过这些举措，积极创造条件支持青年教师从事理论研究，开展教育教学改革，养成学术交流好习惯，做好团队建设。

学校还实施专业课名师工作室建设计划，拿出专项经费，新建一批名师工作室，创造条件支持其完成教育教学研究、学术交流、团队建设和成果推广等工作。实施优秀中青年专业课教师择优资助计划，资助一批工作业绩突出、科研潜力较大、创新能力较强的优秀专业课中青年教师。从2005年开始，先后设立了10多批优秀专业课中青年教师资助计划，帮助他们茁壮成长。

学校是为了圆陶行知先生想办一所育才大学的梦而成立的，当初之所以叫行知育才学院的原因就在这里。如今更名为重庆人文科技学院，依然秉承"知行合一"校训。学校每年设立专项课题，支持开展教师们围绕高等教育教学改革发展、陶行知教育思想、新时代知行合一等问题进行研究。召开全国陶行知教育思想研究会，出版陶行知教育思想研究文集，发表陶行知教育思想与实践的学术文章。

除此之外，学校每年拿出上百万经费，设立民办高等教育改革发展研究专项课题，仅2018年、2019年就先后设立了民办高等教育教学改革研究专项，支持年轻教师从事民办高等教育教学研究。据不完全统计，从学校组建以来，已有上百位年轻教师从中受益，他们不仅从中开启了自己的科学研究道路，而且为学校的改革发展增添了不少风采，也使自己不断成长起来，成为学校改革发展的中坚力量。

4."以陶为师",实行"以老带新"的导师制

资深教授负责对青年教师进行对口指导、培训。青年教师的培养是一个过程性的培养,不能靠一两次集中培训就万事大吉。重庆人文科技学院制定了老教师带青年教师的导师制度。这一制度的实施,主要依靠二级学院。由二级学院经验丰富、德高望重、教学有方的教授组成导师组,按其课程专长对新教师进行指导,让青年教师在思想、作风和业务水平、教学能力等方面获得教益,不断提高。导师要对所带的年轻教师的教学、科研等进行指导,尤其要对年轻教师的备课、试讲、教学等方面进行为期一年以上的指导。年轻教师要听指导教师讲课,要作听课笔记,要作出自己的教案,要接受指导教师的指点,要与指导教师经常性开展研讨,等等,直到指导教师认为,该年轻教师完全可以独立教学为止。对承担指导青年教师工作的老教师,学院给予一定的报酬。对在指导青年教师工作中作出成绩的老教师,学院给予奖励。这项措施对稳定青年教师,提高青年教师教学水平,加快青年教师队伍的建设,起了重要的作用。推出并实施这项制度的,最早是文学院(现文学与新闻传播学院)、经济政法学院(现分成几个学院)、美术学院(现艺术学院的一部分),它们率先实行且收到明显成效。到如今,全校所有二级学院都实施了这一制度,已经制度化、常态化,对青年教师的成长起了较好的促进作用。

学校每年组织青年教师参加教育部骨干教师示范培训、社会实践研修和教师教材培训,组织专业课教师参加意识形态工作培训、形势与政策培训和骨干研修,引导青年教师坚定"四个自信",强化"四个意识",做到"两个维护"。

5."创陶立人",推行青年教师讲课比赛制度

为了促进青年教师尽快成长,激发其进取精神,从 2003 年起,学校每年组织开展一次青年教师课堂教学比赛(后来叫青年教师教学能力大赛),规定凡 45 周岁以下的青年教师必须参加,45 周岁以上的教师欢迎参加,或者上示范课。这种教学技能大赛与学校一年两度的教学活动月结合起来,先是由各二级学院的

教研室内部举行，然后评出优胜者，参加二级学院的比赛，二级学院比赛后，推出优胜者，代表学院参加全校的教学比赛，学校组织专家评委，围绕参赛者的课件制作、教案编写、讲学等进行逐项打分，最终评出一、二、三等奖，对获奖的青年教师予以奖励。在已开展的教学比赛中，凡成绩优秀的青年教师，在职称评定中优先评定通过。

例如，2019 年的教学能力大赛就很有特色。为开展这一大赛，学校专门下发文件，阐明开展大赛的目的和意义：为全面贯彻落实《中国教育现代化 2035》《教育部关于加快建设高水平本科教育全面提高人才培养能力的意见》精神，根据《重庆市教育委员会办公室关于开展 2019 年普通本科高校课堂教学创新大赛的通知》（渝教办函〔2019〕159 号）的精神及要求，围绕加快推进教育现代化这一主线，引导学校教师应用现代教育技术，有效利用现有优质教学课程资源，创新课程教学，学校组织开展了 2019 年课堂教学创新大赛（以下简称“大赛”）。

大赛从 5 月份启动，至 9 月结束完成，按照“两个阶段、两个组别、三项分值、综合排名”的整体思路，按照个人报名、组织推荐、学院初赛、学校决赛的顺序有序开展。

两个阶段即学院初赛推荐和学校决赛。各二级学院按照 20∶1 的比例推荐教师参加学校决赛，且青年教师比例不少于 50%，经各二级学院初赛推荐，入围学校决赛教师共有 22 人。决赛程序及要求等同市级比赛要求，参赛教师从参赛选题中随机抽取一节课，按照说课、教学、答辩顺序进行现场课堂教学展示比赛。课堂教学展示内容与参赛课程章节等材料一致。评委专家结合参赛教师推荐表进行综合打分。两个组别即青年组和中年组。根据参赛教师年龄，分为青年组（参赛教师年龄 35 周岁以下）和中年组（参赛教师年龄大于 35 周岁小于 55 周岁）两个比赛小组，并在年龄分组的基础上充分考虑参赛教师的学科归属，以突出学科特性。三项分值即教学设计分值、课堂教学分值和现场教学分值，对每项分值赋予相应的权重，参赛教师最终得分及名

次为三项分值累加后的综合排名。

校内比赛同市级比赛要求一致。参赛教师进行现场课堂教学展示，从教师参赛选题中随机抽取一节课，参赛教师先说课，再现场教学，现场答辩。课堂教学展示内容应与参赛课程章节等材料一致。评委专家结合参赛教师推荐表进行综合打分。

一是说课。参赛教师口头表述所选课题的教学设计及教学过程，重点突出课堂教学创新的理论依据和实施过程以及效果，时间 5 分钟。

二是现场教学。参赛教师通过现场教学综合展示课堂教学创新的理念、思路、方法与效果。参赛教师可根据各自参赛课程需要，自行携带教学模型、挂图、激光笔等教学用具。为保证师生互动效果，授课教师可自带学生 5—8 名，时间 15 分钟。

三是现场答辩。根据课堂教学展示情况，评委专家重点围绕课堂教学创新的理念、组织、实施与效果进行提问，参赛教师进行回答，时间 5 分钟。

按照比赛要求及评分标准，经过激烈角逐和比赛评委监督复核，学校初赛获得奖项的共有 6 人(获得一等奖 2 人，获得二等奖 2 人，获得三等奖 2 人)。学校对获得一等奖、二等奖、三等奖的教师，分别按照 1500 元/人、1200 元/人、1000 元/人标准给予奖励，颁发相应荣誉证书，并根据教师获奖成绩在职称评审、绩效考核、评优评先、教改项目立项等方面优先考虑照顾，进一步激发学校师生参加类似活动的热情。结合比赛获奖结果，经比赛评委会研究，最后推荐赵静、黎婵等 6 名教师代表学校参加市级决赛，课堂教学创新比赛学校初赛圆满结束。

通过本次大赛，增进了学校中青年教师对课堂教学创新理念的认识，促进了教学方法、教学手段、教学内容、教学组织、教学评价等课堂教学环节和要素创新的实践探索，推进了课堂教学由“以教为中心”向“以学为中心”的转变，进一步提高了学校课堂教学质量。

此外，学校还结合重庆市、教育部有关中青年教师短期进修计划(重庆市高校中青年骨干教师培养计划、三峡之光培养计划、国家培训中西部培养计划、高校青年教师访问学者培养计划)等，加强对中青年教师的培训力度。

学校还依法依规管理教师，主要从三个方面入手：一是坚持教师任职资格和任职条件，不符合者绝不聘用；二是坚持教师持证上岗制度，无高等学校教师上岗证书、高等学校教师资格证书者不予开课；三是建立非教学人员改任专职教师或兼任专业课教师的考核、管理及审批制度，从而保证教师队伍的总体质量。

二、融入教师奖励机制

陶行知先生认为，对教师不仅要注重培训培养，还要给予各种各样的激励奖励，支持和鼓励他们尽快成长。为支持和激励青年教师积极投入教学科研和管理工作，稳定青年尤其是骨干教师队伍，并造就一支适应学校建设应用技术大学和内涵式发展需要的青年教师队伍，学校先后制定了一系列奖励制度，如优秀教学奖、优秀教学成果奖、教学名师奖、科研成果奖等。

(一)以教为中心，实施教学成果类奖励

学校是应用型本科院校，教学是学校的头等大事、中心工作。自组建以来，学校无论是党委，还是行政、董事会都非常重视教学工作。陶行知先生认为："好的先生不是教书，不是教学生，乃是教学生学。"[①]为了推动教师积极从事教学和教学改革，学校先后设立了优秀教学奖、优秀教学成果奖、教学名师奖以及优秀教案、课件、教学大纲、教材、网络课程、精品课程等奖励，鼓励教师全心投身教学，提高教学质量和水平。

优秀教学奖，每年评选一次，评选对象必须同时具备下列条件：(1)西南大学育才学院专职教师。(2)政治立场坚定，坚持党

①陶行知．陶行知全集(第1卷)[M]．四川教育出版社，2005：19.

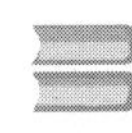

的教育方针，热爱党的教育事业，以身作则，教书育人，为人师表，关心爱护学生，深入了解学生，是学生的良师益友。在建立严格的教学管理制度和学生日常管理制度的同时注重对学生道德品质的培养，培养学生的兴趣和创新精神，发展学生的个性，重视学生的主体地位，发挥学生的能动作用。(3)在教学实践中，努力探索教育教学规律，运用现代教育教学思想改革传统教育教学过程，在引领教学内容、方法和手段改革、创新课程教材和教学模式、创建合理教学梯队等方面作出明显的成绩。(4)积极承担教学工作任务，能认真履行教学工作职责。年度教学考核成绩优秀。每年完成不低于本学院平均教学工作量的80%，每年在教学质量考核测评中排名居本院前列。(5)注重教材建设，所选教材应符合学校人才培养目标、培养方案、教学计划、课程基本要求和教学大纲的要求，教材内容符合教学规律和认知规律，注重理论联系实际，富有启发性，有利于激发学生学习兴趣，便于自学。优先选用教育部各教学指导委员会推荐以及国内同行公认水平较高的独立学院教材。尽量选用近三年出版的教材或修订教材(特别是理工类、计算机类、财经政法类专业)。(6)注重教学研究，近两年在省(市)级或以上公开发行刊物上发表教学研究论文一篇以上。

教学名师奖，学校每三年评选一次，规定如下：(一)热爱祖国，坚持四项基本原则，遵守职业道德规范，师德高尚，具有强烈的事业心和协作精神。治学严谨，学风端正，教书育人，为人师表。(二)受聘副教授以上(含副高职称)职务职称，能够积极主动承担本科教学任务。(三)学术造诣高，长期从事教学研究，并取得公认的研究成果。近三年至少主持过一项教改项目(有结题或阶段报告)。近三年在省(市)级或以上公开发行刊物上发表教学研究论文三篇，其中核心期刊一篇或公开出版教材一部。有符合时代特点的教育思想，在教学内容、教学方法改革方面取得突出成绩，并作出重要贡献。(四)教学效果好，同行专家、领导、学生评价优秀。(五)努力从事主讲课程的教学改革和建设，注重教学实践，教学经验丰富，自觉指导和帮助中青年教师，对形成合理的教学梯队作出重要贡献。

学校成立“优秀教学奖”评选委员会，每年评选一次优秀教学奖，委员由校领导和教务处、人事处、学生处等有关单位负责人和学校教学指导委员会部分委员组成，各二级学院(部)教授委员会负责本单位的评选工作。评选委员会下设办公室，挂靠教务处。每两年评选一次优秀教师、优秀教学工作者，并选择在教师节举行隆重的庆祝大会进行表彰，并向重庆市、教育部推荐同样的奖励表彰对象。

为了激励更多的年轻教师积极向上，学校还把青年教师分成三个等级进行奖励：35 岁以下被评为青年新秀教师的，予以一定额度的奖励(每月增加工资 500 元)；36 岁到 40 岁被评为青年骨干教师的，予以相对额度的奖励(每月工资增加 1000 元)；42 岁到 55 岁被评为拔尖人才的，每月增加工资 1500 元。这项举措，促进了一批新秀迅速成长为骨干，一批骨干迅速成长为拔尖人才。

从这些教学奖励表彰制度的相关规定，如优秀教学奖、优秀教学名师奖等，可以看出，符合陶行知先生要求的优秀教师必须富有创造性理念。

(二)科研强校，推广科研成果类奖励

陶行知先生认为，好的教师应该一面教，一面学；一面指导学生，一面研究学问；一面做教员，一面做科学家。不能满足于用以前学过的知识来终身受用。作为学校来讲，就是要千方百计创造条件支持教师的科学研究。为调动全校广大教师开展科学研究的积极性，营造良好的科学研究环境，提高学校科学研究水平，2008 年，学校制定了《科研成果奖励办法》。如今，该办法多次完善。该办法指出：根据学校定位和办学宗旨，密切结合应用型人才培养的教育实践，重点奖励对学校应用型人才培养的教学体系建设具有重要推动作用，具有较大应用价值和启示意义的科研成

果。鼓励跨学科、跨专业和团队型的科研项目,优先考虑已经纳入国家、省部和地方科技计划立项项目,以及具有较好社会效益并已在校内立项的横向科研项目所取得的成果。学校为此设立专项基金,专门用于这类奖励。

成果包括学术专著、编著、译著、论文、工具书、软件,已授权专利、通过鉴定的项目成果,以及提交政府或有关企事业单位的研究咨询报告等(不含内刊、增刊以及没有公开出版发行的教材等)。设特等奖、一等奖、二等奖、三等奖以及优秀奖,并给予不同程度的奖励。这种奖励额度随着学校事业的发展,不断提高,10多年来,已有多达上千人次的青年教师获得了不同层次的奖励,从而大大调动了广大教师的科研积极性。

考虑到学校教师科研能力及实际水平(大量青年教师基础和动力不足),从 2005 年开始,学校每年都拿出几十万到上百万不等的经费作为科研启动费,奖励新秀、骨干教师用于科学研究,还设立学校科研项目,资助一批有利于学校改革发展的科研项目。除此之外,2008 年开始,学校还增设了科研项目配套制度,对在重庆市、教育部、科技部等获得科研立项的,学校按照等级及经费,给予相应的配套经费,推进科学研究。这些举措为青年教师打下了科研基础。

三、"强校育才",推进教师职称晋升

就教师个体来讲,教学科研成长的目标就是要实现职务职称的逐步提升。就学校整体来讲,就是看教师队伍中,高级职称的比例有多少,一流教学团队、一流学科等有多少,学术影响有多大,拿到的高级别科研项目有多少,出版的高水平的专著、教材有多少,发表的高水平文章有多少。

民办高校在创办发展进程中,因为种种原因,致使相当一段时间内没有教师职称评审权,许多副高级、正高级职称教师都是退休教师,年轻教师看不到发展的希望,稍有能力和水平的青年

教师极有“跳槽”的可能。学校一直在为提高整体办学实力和水平努力，先后获得教师讲师资格评审权、副教授资格评审权、教授资格评审权，从而有效改善了教师发展的环境，稳定了教师队伍，促进了教师队伍的健康发展。从2001年招聘青年教师开始，职称评审在一些教师看来要么高不可攀，要么与己无关，认为只要搞好教学就行了；还有一些教师认为民办高校反正都不是长留之地，也无心努力评职称。这些都不同程度地影响了民办高校的内在发展。

随着民办高校办学实力和教学科研水平不断提升，随着党和国家机构改革不断深化，随着全面依法治国方略不断推进，依法行政、依法执教以及政府放管服机制日益显现，民办高等学校办学之主权日益得到增强，重庆人文科技学院的各种自主权也在逐步扩大，围绕教师头等大事的职务职称评审、教职工合法权利维护等权利的行使也得到了日益扩大和增强。

为了使青年教师专心教学，提高教学质量，激发其教学研究的热情，学校采取“自我保护性政策”，建立了教师职称评聘制度。规定所聘用的职称，作为“地方粮票”（只在重庆人文科技学院承认）和“特殊粮票”（只在重庆人文科技学院才能享受待遇），按相应等级在学校给予与公办高校同级职称同等待遇。这不是降低职称应有的水平，而是作为以培养应用型人才的教学型民办高校的一种改革和创新，它有利于青年教师队伍的成长和建设。

2004年3月18日，重庆人文科技学院的历史上，产生了首届专业技术职称聘用委员会，校长王长楷教授任主任委员，副校长曹廷华、罗世全教授任副主任委员，二级学院院长李长泰、胡钟刚、胡国强、李建国、许增竑、钟定强等教授任委员。随即学校出台了《专业技术职称评聘条例（试行）》，按照该条例，学校评聘了第一批助教、讲师、副教授。通过这样的职称评聘，把师德表现好，教育教学能力、科研能力强的青年教师破格聘任到较高专业职务上来，对青年教师起了良好的激励鼓舞作用。

根据国家有关政策法规的规定，各地人力资源社会保障、教

育行政部门都充分认识到包括中小学、民办教育在内的教师职称评审工作的重要性。特别是党的十八大以来，在以习近平同志为核心的党中央正确领导下，坚持以人民为中心的发展思想得到了充分体现，立德树人的根本任务得到了落实，教育规律和教师成长规律得到遵循，教育主管部门有效组织并实施了民办教育机构教师职称评审工作。近几年来，民办高校高素质教师队伍的培养选拔工作迅速增强，广大民办教师的成就感和获得感显著增强，教师职业的吸引力逐步增强。

按照重庆市人力资源社会保障局、市教委的要求，根据国家有关政策法规的规定，学校于 2013 年成立了学术委员会、职称评定委员会，全面实施教师职业人员专业技术职务评聘制度。

2010 年以前，重庆市人力资源社会保障局、市教委只批准学校拥有讲师及以下职称资格评定权；2010 年，学校获得副教授职称评审权，2018 年，学校获得教授职称评定权（但要报重庆市人力资源社会保障局和市教委备案）。为使这项工作科学规范推进，学校聘请了校内外专家、学科负责人等组建了自己的学术委员会、学位委员会以及专业技术职务评审委员会等。学校以职业属性和岗位要求为基础，区分不同学科特点，分门别类制定了讲师、副教授、教授等职称评定条例，实行分类评价，把师德放在教师职称评审的首位，坚持重师德、重能力、重业绩、重贡献，突出教育教学实绩，引导教师潜心育人。

在职称评审条例的制定中，充分考虑教师的思想政治素养，实行师德师风一票否决，同时考虑思想政治理论课专职教师、音体美等学科教师教育教学实际，单列了这类教师的职称评审条件，并拿出相应的指标用于这些教师的评聘。

在职称评审过程中，学校还不断完善能够充分体现教师岗位特点的评价标准，按照 2018 年全国教育大会精神，克服教师职称评审中的“唯学位、唯论文”现象，学校遵循通讯评审，能力和水平优先，进一步畅通教师职称评聘渠道，适当提高高级教师岗位比例。

坚持以同行专家评审为基础的业内评价机制，进一步创新评价办法，提高评审质量，增强评审结果的公信力。正高级教师职称评审要体现培养专家型、教育家型教师的政策导向，由学校统一确定指标数量，实行总量控制。

评审通过的正高级教师中，原则上必须给本科生讲授专业课或者基础课，要带领青年教师搞好教学科研等，担任学校和教研机构行政领导职务的比例不得超过正高级职称的30%，目的是要把正高级教师放到基层，放到教学一线。

着力规范教师职称评审程序，加强事中事后监管，强化公示公开，接受广大教师的监督。不断完善投诉举报机制，畅通反映问题的渠道，对问题线索要逐一核查，做到事事有着落，件件有回音。严禁利用职务之便为本人或他人评定职称弁取利益，通过弄虚作假、暗箱操作等违纪违规行为取得的职称，一律予以撤销。

第三节 “建章并立制”：融入教师的考核淘汰之中

陶行知先生不仅注重教师的培训培养，还十分关注教师的考核和淘汰，要做到“民之所好好之。民之所恶恶之。教人民进步者，拜人民为老师”[①]。他认为，如果教师教学、科研、管理、服务不能满足学校师生的需要，各项考核不合格，其当然不能再继续从事教师职业，只能退出学校，退出教育战线。重庆人文科技学院始终秉承“师陶立位”“创陶立人”这一理念，并坚定不移地将其贯穿落实在教师的各类考核中，实行了较为严格的惩戒和淘汰机制，确保陶行知式教师的示范、引领作用。

---

①华中师范学院教育科学研究所.陶行知全集(第4卷)[M].湖南教育出版社，1985：660－661.

一、融入教师考核

随着学校的发展，教师队伍日益壮大。新老教师共聚一堂，从事为国养才的教书育人的崇高职业。教师的职业道德和行世风范，直接关系学生的培养质量，关系学校的声誉，也关系教师自身的价值和作用。因此，加强师德师风建设，真正体现"学高为师，行世为范"，是一所高校持续健康发展的重要保障。为确保学校持续健康发展，让教师在学生成才中起到更好的表率作用，根据教育部、全国教育总工会颁布的教师职业道德规范以及陶行知先生倡导的"规矩先行，奖惩随后"理念，2005 年 7 月 17 日，学校制定了《教师职业道德规范》。

该规范共六个方面：(一)遵纪守法，善于自律。教师要自觉遵守国家法纪，具有政治觉悟和社会责任感，善于道德自律，养成良好言行，杜绝一切有悖于国家和社会利益的言论和行动。(二)敬业爱岗，教书育人。教书育人是教师的天职。教师不仅是学生知识的传授者，也是学生道德的培养者。要热爱教师岗位，忠于教师职守，通过言传身教，把准确的知识教授到位，把良好的风范影响到位，把创造性思维启发到位，真正为人师表而不做敷衍塞责、枉为人师的事。(三)教学规范，治学严谨。教师要规范教学行为，规范教学过程的各个环节，用教好每一堂课保证教好每一门课，用严谨的治学保证课程应有的学术性和学理性内涵。熟悉并研究好课程及课程相关内容，是教学规范和治学严谨的重要前提。不上无准备的课，不上空洞无物的课，不上自己不熟悉的课。(四)尊重学生，热爱学生。教师和学生人格平等，"是不必贤于弟子，弟子不必不如师"，是古训，也是现实。要热爱学生，关心学生，尊重学生，建立亦师亦友的平等关系，诲人不倦，严而不苛，更不得在言语和行为上讽刺、挖苦、歧视和侮辱学生。(五)仪态端庄，举止有节。教师要注重仪态风度的端庄大方，注重举止谈吐的有礼有节，凛然之威与蔼然之和是教师应有的仪态。教师不能衣冠不整，不能矫揉造作，不能出语无状，不能在课堂抽烟、使用移动电话、接待客人或做与教学无关的事，不能以任何形式向学生索要财物和强行推销书籍资料。（六）教师要潜心研究教学，研究学术，注重积累，创新提高，不断充实自己，提高教育教学质量。切忌急功近利，更切忌在研究中失德失范，弄虚作假，抄袭剽窃。

2006 年学校出台了考勤制度，2009 年又出台了教职工考核办法等，之所以频繁颁布和修订考勤制度、考核办法，目的就是进一步强化纪律，规范行为。

对教师进行考核有利于激发教师的主观能动性，使教师素质得到不断提高。一所高等学校，要建立一支高素质的教师队伍，就离不开对教师的考核工作。考核是对教师德、能、勤、绩、廉的全面了解和评价。教师的资格和任用，培训和奖励，都离不开对教师的全面了解和评价。全面考核能更好地使学校有目标、有计划地培训和帮助教师，有利于提高教师的政治思想和业务水平。

对教师进行考核有利于调动教师的积极性。教师的受聘任教、晋升工资、实施奖惩，都是以教师考核的结果为依据的。通过教师考核，对教师作出实事求是的评价，把对教师考核的结果和教师的切身利益密切联系起来，是调动教师工作积极性的有效手段。在考核中，教师通过总结经验教训，听取他人评定意见，做到肯定成绩、找出差距，明确努力的方向，可以激励自己发奋向上、钻研业务、努力工作。考核能改变教师“干多干少一个样，干好干坏一个样”的状况，破除教师的“大锅饭”，起到教师之间鼓励先进、鞭策后进的作用。

对教师进行考核有利于教师人尽其才。要提高教育质量和办学效益，必须对教师进行科学管理。教师管理工作中最重要的一点就是要“知人善任”。每个教师的专业有特长，水平有高低，通过考核，对教师有客观的了解和评价，根据每个教师的特长和水平，扬长避短，安排其合适的工作岗位。这样既有利于教师的工作，又有利于教师才能的发挥。同时，还可以检查对教师的培

训计划、培训质量、培训效益是否理想，验证教师队伍整体结构是否优化，评定教师工作质量是否优良；等等。只有这样，才能不断地改进管理方法，提高管理水平，从而达到培养教师、优化队伍、提高学校教育水平和办学效益的目的。

重庆人文科技学院对教师的考核主要分三种：一是试用期（实习期）考核；二是年度考核；三是聘期考核。除此之外，还有专项考核（如领导干部考核、教学考核、科研考核等）。

试用期（实习期）考核：重庆人文科技学院实行的是聘用制，凡聘用的人员，原则上都要进行试用期（实习期）考核。建校以来，无论是校级党政领导，还是处级、科技行政管理人员、后勤服务人员，尤其是教师，都必须进行试用期（实习期）考核。试用期（实习期）有三个月的、半年的、一年的不等。试用期（实习期）满后，由学校组织人事部门会同有关单位尤其是用人单位，按照个人述职、群众评议、考核人员听取各方面意见等程序和办法，对试用期（实习期）满的人员作出是否正式聘用的结论，签订正式聘用和任职的合同。合同期有一年、一年半、两年、三年、四年、五年不等。通过试用期（实习期）考核，较好地锻炼了人才，同时也及时发现了一些不合格的人员，避免了此后可能增加的工作难度。

凡是通过层层考核考查并接受学校组织人事部门领导共同签订的协议，开始试用（实习），在试用期（实习期），要完成单位交办的各项任务，试用期（实习期）满后，单位要组织党政群等对其进行全面考核：首先是本人述职（述职一般围绕德、能、勤、绩、廉，或者教学、科研、管理、服务等），然后是用人单位党政领导进行评价，接着由同行进行评价，最后通过无记名打分方式进行评价，综合考核合格者，可以转入聘用程序，综合考核不合格者，即终止试用，通知应聘人员离校。在这一考核中，加大了立德树人、师德师风的权重。

年度考核：年度考核实行自然年度制，也可以叫年终考核。年终考核是全员考核，学校聘用的教学、科研、管理人员都要参加考核，考核内容包括教学、科研、管理、服务，或者是德、能、勤、绩、廉等方面。首先是学校领导班子及其成员的自我总结，然后由党委书记牵头，干部人事部门实施，在全校处级干部中广泛听取意见，汇总之后，再由党委负责转告学校领导班子成员。学校领导班子成员，要向全校干部述职，要接受全体干部的考评打分。对全校教师而言，则应有个人总结，有教学评议，有出勤状况，有关于师德师风状况等院系的教师、学生和领导的意见。本科毕业生的实习期转正考核，纳入年度考核进行。年度考核之后，按照15%评出优秀，其余的评出合格、不合格等，同时还要在教师中评出优秀教师和优秀教育工作者并予以表彰，晋升一级工资。考核不合格的教师，视其问题性质和情节轻重，或解聘，或转为试用，或降低一级工资聘用等。

聘期考核：聘期考核较为复杂，它既属于专项考核之一，又属于综合性考核的范畴。原因是，虽然学校要求的聘期一般为一年、一年半、三年、四年、五年不等，但有的应聘者（尤其是教师）一般只接受三年或者四年的聘用。聘用期满，如果不想续聘，则自然解除合同；如申请或学校要求继续聘用，则必须实行聘期考核。考核内容包括合同规定的义务、任务，或者是德、能、勤、绩、廉，或者是教学、科研等。考核的方式、程序大致与年度考核相同。如双方均满意，则继续签订聘用合同。

为进一步推动学校的转型发展和教育教学领域的综合改革，建立科学、客观、公正的教师考评机制，激发教师教书育人、科学研究、创新创业的活力，根据中共中央《关于深化人才发展体制机制改革的意见》、教育部《关于深化高校教师考核评价制度改革的指导意见》和重庆市教育委员会的有关要求，结合学校教师队伍的实际情况，2016年，学校制定了《重庆人文科技学院教师考核评价制度改革实施方案》。该方案在原来的各种考核办法的基础上，增加了一些条款，体现了一些新的特点，诸如：

一是加大师德考核力度，严把教师政治导向。完善师德考核办法，将师德考核贯穿于教师聘用、晋升、日常教育教学和科学研究的全过程。加强教师政治引领，引导教师队伍增强理论认同、

政治认同、情感认同,坚定政治方向,保持政治定力。

二是优化教师考核内容,突出实际业绩贡献。把教师评价考核从“统一考核”向“分类考核”转变,从“重成果数量”向“重成果质量”转变,尊重教师发展客观规律,重视教育教学实际贡献,加大教学改革、创新创业、社会实践、服务地方发展等内容在考核评价体系中的比重。

三是改革考核评价方式,力求立体客观公正。进一步健全教师考核分类评价体系,把考核方式从“单一维度”向“多维度”转变,从“统一尺度”向“统——分结合”转变,引入 KPI 即关键性考核指标与 360°绩效考核法的核心理念,实行教师自评、学生评价、院系评价、督导评价等多种形式相结合的教学质量综合评价制度。尊重不同院系、不同学科的发展现状、队伍现状,赋予一定比例的考核量化权,让考核结果更加立体、客观、公正。

四是重视考核结果运用,激发队伍转型活力。把考核评价作为教师聘用、晋升、职称评聘、薪酬、奖惩等人事管理的基础和依据,加大年终绩效考核在教师薪酬中所占的比重。同时建立教师专业技术岗位流转退出机制和兼课教师转岗机制,打通教师进出通道,扩大专职教师来源渠道,增强竞争力度,着力打造一支高效、专业、有活力的教师队伍。

通过这一系列的考核制度,重庆人文科技学院先后评出了一批包含老、中、青在内的数百名优秀教师、优秀教育工作者以及优秀共产党员、优秀党务工作者等,也辞退了少数因教学事故或者严重失职与不称职的教师,学校对教师的管理起到了稳定队伍、规范行为、督促上进的作用。

二、融入教师惩戒

陶行知先生认为,一流的教师应具备两种要素:一、有真知灼见;二、肯说真话,敢驳假话,不说谎话。我们要拿这两个尺度来衡量我们的教师。他还强调:每个教师“一举一动,一言一行,都要修养到不愧为人师的地步”[①]，否则，就应该进行惩戒和淘汰。学校自创办开始，就把“严进宽出”作为教师队伍建设和教师管理的一项基本原则，也是一种机制，尤其是对不严格遵守学校相关规定的教师，政治上违反党纪国法的，在意识形态方面违反政治纪律和政治规矩的，有违师德师风的，不践行陶行知先生“严于律己”“热爱学生”等理念的，坚决进行惩戒，如调离岗位、解职，清除出教师队伍。

为了加强对教师的监督管理，学校先后出台了一系列的文件，采取了一系列的措施：

一是“潜心教学”，实施教学督导员制度。学校以学生为中心、为主体，以教师为主导。抓住了教学，就抓住了牛鼻子。为规范教学过程，特别是规范课堂教学，确保教育教学质量，学校早在2005年10月就制定了《教师教学工作管理办法(试行)》《关于青年教师授课的暂行规定》《听课评课实施办法(试行)》等，规范教学行为。2006年，学校又制定了《教学督导工作条例(试行)》，规定实行教学督导员制度，将教学经验丰富、教学认真的中老年教师(以老教师为主)组成学校和学院两级教学督导委员会，专门围绕青年教师、外聘教师、兼职教师等进行听课、评课。定期不定期、事先告知和随机深入课堂听课，作好详细记录，及时与教师进行交流，责成教学中有问题的教师进行改进，还要随时进行再听课(后头看)，看该教师是否已经改好。通过这种方式，防止教师课堂教学“发水”，不准教师上“水课”，打造“金课”。通过这一制度的实施，教师们尤其是青年教师的教学态度进一步好转，教学效果不断改进。

二是“教学相长”，实施教学信息员制度。为进一步完善学校教学质量监控和保障体系，加强对教学工作信息的反馈、交流与处理，及时了解学校教师和学生教与学的状况，规范教学秩序，促

①华中师范学院教育科学研究所．陶行知全集(第1卷)[M]．湖南教育出版社，1984:576.

进教风、学风建设，继续提高学校教学质量和教学管理水平，充分发挥学生参与教学监督管理和自我管理、自我教育的主体作用，学校从 2006 年开始实施学生教学信息员制度，颁布了实施办法。该办法规定：学生教学信息员由各班学习委员担任。各二级学院成立教学信息站，站长由二级学院学生会学习部长担任。学校设立教学信息中心（设在教务处），中心主任由教务处负责人担任，中心办公室设在教务处教学质量科。同时，教务处还根据学生学习情况选拔一批品学兼优的学生，组成教学信息员，专门监督教师课堂教学是否认真，学生上课是否认真听讲，教师是否严格按照教学计划，教学要求组织教学，教学内容是否符合学生实际，有无违反师德师风方面的问题，等等，作好记录，定期反馈给教学督导办和教务处。通过这项制度，一方面监督教师教学，另一方面监督学生的学习，保证教学质量，保证教学秩序的正常进行。

三是“严谨治教”，实施教学事故认定处理办法。“教人求真”必须自己先求真，说真话，做真事。为了依法治校、依规治教，维护正常的教学秩序，严肃教学纪律，保证教学质量，尽量避免或减少教学工作环节中各种事故的出现，在教学事故出现后能及时有效处理和解决，2005 年学校出台了《教学事故认定及处理办法（试行）》，2006 年又出台了《关于进一步严格教学管理的若干意见》，该办法和意见后来根据国家有关规定，还进行了多次修订，直至相对完善。该办法划定了三级不同的教学事故，对处理标准也作出了明确的规定。处理不是目的，目的是警示教师严谨教学，严谨出题和认真阅卷、统分、登录成绩等，保证公平公正。贯穿“千教万教，教人求真”的理念。

党的十八大以来，随着全面从严治党、全面依法治国的不断推进，学校也严格按照党中央、国务院以及教育部、重庆市有关规定，制定了更为严格的教师师德失范惩罚措施，对在教学过程中、科研活动中、日常生活中等违反师德师风规范的，教学中出现严重教学事故的，造成不良社会影响的，科研活动中，有失学术规范的，造成不良影响的，生活中，有不道德的，违背教师职业道德规范的，凡举报学校纪检监察部门就要组织调查，调查属实的，必作出严肃处理，是中共党员的要根据情况作出党纪和政纪双重处理，不是中共党员的，给予相应政纪处理。时至今日，已有几十人因此而被学校处理，包括记过、降级、调离教学岗位、辞退等。

2018 年、2019 年，学校先后处理并辞退 8 位违反学校相关规定的教师。一位教师，因为学生的到课率和抬头率较低，没有控制好自己的情绪，引发学生的不满，在批评学生的过程中，言语不当，处理不当，引发争论，并对学生的不良行为没有进行有效引导，进而与部分学生发生了较为激烈的争辩，致使课堂教学无法进行，少数学生纷纷离场，表示坚决不愿意上这位老师的课，请求学校换一位老师给他们上课……经学校纪检监察部门的调查，认为情况属实，教师本人也觉得难以继续在这里教学，于是学校作出“劝其辞职”处理。一位老教师，在所教学生中宣传推销其家人经营的滋补品、护肤品等，并以种种方式暗示学生购买。有学生举报，凡购买了有关产品的同学，成绩就好一些；没有购买的，就自然得不到所谓的“关照”。经学校纪检监察部门调查核实，教师本人承认事实基本属实，为此，学校作出“劝其辞职”处理。一位年轻教师，利用与学校教务处掌握学生成绩管理系统的相关人员的特殊关系，收受个别考试不合格或者补考不合格学生的财物，事情被举报后，学校高度重视，立即成立专案组，进行调查核实。经学校纪委监察派人查实情况属实，学校党委行政研究，决定对相关人员予以辞退。还有几位教师，周末邀约几位男女学生到校外食店吃饭喝酒，在吃喝过程中，有男同学故意将女同学灌醉，然后又去 KTV，教师没有对此加以制止。事发后，学校依规对相关教师作出记过等行政处理。

发生这样的事情，确实枉费了学校多年践行陶行知先生关于教师职能的努力，但是，事物都是辩证统一的，学校往往也是这样，旧的不去新的不来，没有惩戒和淘汰，就没有新的动力和发展。

陶行知先生讲:“教育乃取恶性中之善分子,去善性中之恶分子。”[①]他说:“今日不能止同学之欺行,安望他日除国家之稗政,革社会之恶俗乎? 挽狂澜而息颓风,是所望于诸君之力行。”[②]既然个别人员不适合做教师,那当然应该将其辞退。教师要有“仁者不忧,智者不惑,勇者不惧,达者不恋”的精神,有事则以“富贵不能淫,贫贱不能移,威武不能屈,美人不能动”相勉励。

---

①陶行知.陶行知全集(第1卷)[M].四川教育出版社,2005:218-219.

②陶行知.陶行知全集(第1卷)[M].四川教育出版社,2005:159.

第五章　陶行知教育思想融入校园文化

校园文化是体现一所学校办学理念和特色、精神和风气的一种群体性文化，是学校发展的灵魂。要想成就一所有影响力的学校，必须走内涵式发展的道路。其中，校园文化建设正是学校内涵式发展的重要途径。近年来，国家对高等教育的重视程度不断加深、投入不断加大，校园文化作为学校教育不可分割的重要组成部分，对当代高校的发展也就具有了极其重要的意义。

重庆人文科技学院作为为实现陶行知生前想办"育才大学"的遗愿，在陶行知当年办学之地设立的大学，从建校之初就创造性地提出要将陶行知文化作为校园特色文化来发展和建设，是传承陶行知教育思想基因和形成大学行知文化特质之所在。

建校 20 年来，重庆人文科技学院一直秉承陶行知先生的教育思想和办学理念，将陶行知先生的"学做真人""捧着一颗心来，不带半根草去""生活即教育""社会即学校""教学做合一"等思想理念融入校园文化建设，形成了富有行知特色的校园文化，既保证了学生知识厚度的增加与广度的发展，又促进了学校文化的大发展、大繁荣，更促进了思想文化的交汇与融合。陶行知先生"大爱、求真、知行合一"的精神已成为学校凝聚教师的"魂"，教育学生的"根"。

第一节　校园文化建设

要阐释重庆人文科技学院如何将陶行知教育思想融入校园文化建设，首先要说明校园文化的内涵和功能。

一、校园文化的内涵

关于校园文化，不少学者都有自己的见解。通常来说，校园文化是指一所学校在长期办学过程中形成的一种价值体系，即价值观念、办学思想、群体意识、行为规范等，也是一所学校办学精神与环境氛围的集中体现，更是一所学校物质文化和精神文化的总和。

文化是由各个相互独立而紧密联系的要素构成的，高校校园文化也不例外。对高校校园文化的内涵或者说构成要素的专门研究不是很多，只是散见于一些著作和文章中，而且观点比较相似。主要存在三种观点：校园文化"三层次"说、校园文化"四体系"说和校园文化"六因素"说。"三层次"说即校园文化包含物质文化、制度文化和精神文化这三个层次；"四体系"说即校园文化包括物质文化、行为文化、制度文化和精神文化这四个体系；"六因素"说即校园文化包括环境文化、艺术文化、科技文化、学术文化、阵地文化、网络文化这六个因素。本书采用校园文化的"四体系"说，即高校校园文化建设包括物质文化建设、行为文化建设、制度文化建设和精神文化建设。

二、校园文化的功能

校园文化在教育教学管理工作中具有强大的教育功能。一是导向功能，校园文化是引导教职工和学生实现其奋斗目标的航标，具有导向功能；二是育人功能，校园文化为修养和塑造学生精神世界提供了氛围，对学生精神品质的塑造起着潜移默化的作用，具有育人的特殊功能；三是激励功能，校园文化是教职工和学生共同创造的，是最能体现学校风格和特征的意识形态，反映着教职工和学生的共同心声；四是约束功能，没有规矩就不成方圆，校园文化所形成的校规、校纪、校风、校训，是教职工和学生共同创造或认同并自觉遵守的，具有一定的纪律性和规范性，规范和约束着师生的行为。

校园文化对塑造学生人格、培养学生素质起着十分重要的作用，而且能激发师生对于学校的认同感，从而形成强烈的向心力、凝聚力和群体意识。学生在课堂上获得和接受的主流文化需要通过相应的校园文化才能深化和巩固，从一定意义上说，自学成才与正规学校教育之间最大的差别就在于校园文化的熏陶。我国一些著名大学百年来都形成了自己独特的、被广大师生共同接受的校园文化，如北京大学的"五四"精神，清华大学的"自强不息、厚德载物"。这些校园文化成为学校师生探求真理、实现理想、规范行为的无形力量。也正是在校园文化的激励和熏陶下，各大学为国家培养出大批优秀人才。

第二节　外层表现：融入物质文化建设

高校校园物质文化是指高校校园文化建设中能为人们感官直接感触到的一些客观存在物，具有客观实在性。它是校园文化建设的基础和载体，它不仅给校园文化主体提供了广阔的活动空间，而且对校园文化主体起到一种感染和愉悦身心的作用。

学校内具有物质实体的文化，构成了整个学校校园文化创造的基础，包括校园的物质环境、生活场所、建筑设施、文化景观、园林绿化、实验设备、学习与生活用品、纪念用品以及大学形象标识、师生服饰等方面。校园物质文化载体既包括学校的教学楼、学生宿舍楼、校史馆、图书馆、档案馆、展览馆、纪念馆、美术馆等建筑和校名石、校训墙、文化亭、文化长廊、名人雕像、纪念广场、道路等景观景点，还包括各类印有学校标识的专属产品，如校徽、衣服、水杯、钢笔、笔筒、信封、卷轴、明信片、纪念章、笔记本等，学校的标识可以是校徽、校名、校训、校园风景、学校名人头像、创办者和校友的名言等。校园物质文化建设可以让学生时常沉浸在

浓郁的文化氛围中，从而得到一种潜移默化的文化熏陶。

相对于公办高校来说，重庆人文科技学院和大多数民办本科高校一样，起步比较晚，办学基础设施中的文化内涵不够突出；同时人们对民办高校的第一印象大多数是通过物质文化建设体现出来的，首先接触到的就是校园环境。因此，物质文化建设成为民办高校对外宣传的有效途径之一，重庆人文科技学院从办学之初就高度重视学校物质文化建设，将陶行知先生的教育思想融入到学校的一草一木中，着力打造富有行知特色的校园物质文化环境。

一、营造“陶韵”的育人环境

陶行知十分重视学校环境的教育作用，并提出选择校址的标准：“一要雄壮，可以令人兴奋；二要美丽，可以令人欣赏；三要阔大，可以使人胸襟开拓，度量宽宏……”[①]在创办晓庄师范时，陶行知就把校址选在南京市神策门外的老山脚下的小村庄，这是一个三面环山，一面临水，群荫环绕的所在。东西有栖霞，后面是慕府，劳山(即老山)翠绿，长江奔腾，构成一幅生动的画面。这诗一般的环境，对于学生良好性情的养成，有春风化雨、润物无声的奇妙功效。

重庆人文科技学院在选址时避开了繁华的闹市区，选择了风景优美的合川区草街子，凤凰山麓，钟鼓溪畔，学校依山傍水，背后山势巍峨，群峰秀拔，林壑悠然，静谧清幽，前面修竹茂林，山溪潺湲，田园秀美，杂花生树。可谓是：“凤凰山林木苍翠，钟鼓溪流水淙淙，校园无闹市之嚣烦，诚读书求学之佳地。”校园总面积约2055亩，绿化面积达70%，自然环境优美，师生们都骄傲地称之为皇家森林学院。每每迎新季，都会听到远道而来送孩子上学的家长欣慰地说：“这真是天然的氧吧，是适合孩子安心读书的

---

①陶行知.陶行知全集(第8卷)[M].四川教育出版社，1991:4.

地方。”

学校同时也着力建设良好的物质环境，拥有标准田径场、足球场、篮球场、排球场、高尔夫练习场、体育馆、音乐楼、实验楼、广场等，教学区、生活区、运动区布局合理，校园景点的安排，力求外形、色彩和谐统一。学校植被资源丰富，香樟、玉兰等各种树木错落有致，校园内道路通畅，处处参天大树、茵茵绿草、鸟语花香，自成一个天然山水园林。学校也非常重视改善师生的生活学习条件，改善校园环境。近三年来，学校新建了占地5000多平方米的智园休闲广场和智园第10、第11舍学生公寓；完成了全校天然气主管道和给排水改造；完成了校医院、智园食堂、教师公寓、学生公寓和教学楼的全面翻新装修；完成了学校园林景观和道路规划设计；升级改造了以行知广场为中心的校园景观，实施完成了校园环境一期改造和校园道路白改黑二期工程；更换安装了全校路灯、增加了草坪绿化带；全面启动一院一室、智慧教室、LED屏建设、投影仪和课桌椅更新，大力改善实验及实训条件等，整个校园环境提档升级，焕然一新。

二、打造“陶影”的景观文化

重庆人文科技学院创立初期，就开展了立陶创特价值的CIS战略设计，在校园硬环境中融入陶行知教育理念元素，通过命名学校的道路、楼宇、广场，建造行知文化墙、陶园，塑陶行知像、立行知语录牌等，彰显处处是“陶影”的人文氛围，促进校园文化发展，恰如陶行知先生所言：“一草一木皆关情。”

（一）学校道路楼宇“以陶命名”

学校有主要道路8条，包括行知大道、崇德大道、撷英大道、树人大道、广怀大道、弘文路、进学路、广艺路。其中行知大道起于大校门，止于综合楼。其直接以陶行知先生的名字命名，既有纪念陶行知的含义，更有发扬其“知行合一”教育思想、教育精神

的表达。崇德大道起于综合楼,经五福庄、序园学生食堂、百川广场,止于广艺路。崇德即崇尚道德,“立德为上”,“太上有立德”。陶行知先生曾说:“道德是做人的根本。根本一坏,纵然使你有一些学问和本领,也无甚用处。”①撷英大道起于综合楼,经博文楼、益智楼、广艺楼、八音楼、庠园学生食堂,止于庠园学生园区。撷英即吸取精华,获得英华,学校教育就是培养英华。这正体现了陶行知先生提出的德智体“三育并重”、培养学生全面发展的教育理念。树人大道:起于综合楼,经三才庄,止于跆拳道馆。树人,即培养造就人才,此乃学校之本。树人大道与崇德大道体现了教育的根本任务是立德树人,陶行知先生早在1926年《南京中等学校训育研究会》中说:“我们希望担任训育的人,要打破知识、品行分家的二元论,而在知识品行合一上研究些办法出来。”②他非常明确地指出了德育与智育是统一的,即知识的学习与品行的修养两者是统一的。他实际上是在告诉我们,立德树人的内在逻辑就是德育与智育的统一,这也为协调德育与智育的关系奠定了一个十分坚实的基础,为进一步科学地实施德育、落实立德树人根本任务提供了一个基本指向,这与十九大报告提出培养德智体美劳全面发展的社会主义建设者和接班人也是一脉相承的。

教学楼是教师传道、授业、解惑之具体教学场地,学校共有博文楼、劝学楼、广艺楼、丰美楼、宏识楼、行知楼等14栋教学楼。“博文、劝学、广艺、丰美、宏识”寓意学生要勤于学习、主动学习,要加强通识知识学习,扩大知识面,博闻广识;“行知”寓意学生要把学习到的专业知识与实践相结合,在实践中把理论知识转化为实践能力,加强实践与创新,知行合一。另外还有“广怀大道”“弘文路”“进学路”“广艺路”以及“格致楼”“八音楼”“慧思楼”“文渊楼”“集思楼”“海丰楼”“富学楼”“益智楼”“春雨楼”等道路楼宇的名称,也都体现了陶行知的相关教育思想。这些教育思想涉及学

---

①方明.陶行知教育名篇[M].教育科学出版社,2005:291.

②陶行知.陶行知全集(第1卷)[M].四川教育出版社,1991:81.

习方法、道德修养、教学理念等不同方面，极富思想启发性，既能时时给予师生员工以智慧熏陶，又能处处体现“文化育人”。

学校建校20年，校园建设已初具规模，形成了“三园四庄”师生生活区，在校园导视图上，如果把行知大道比成树干的话，“三园四庄”就分布在三根主树枝上，而我们的学生就是树枝上的累累果实。

“园”主要是教学区和学生宿舍区。《说文解字》中称，“园，所以树果也”，即相对独立之花果种植地。学生就像学校这颗果树孕育的花果般。“三园”是指三大相对独立的园区，分别命名为庠园、慧园、智园。在《孟子・滕文公上》中，孟子在回答滕文公关于如何治理国家时，提道：“设为庠序学校以教之。庠者，养也；校者，教也；序者，射也。”大意是说要兴办庠、序、学、校来教育民众。“庠”意指古代学校，学校要倡导教育，养德养才，开智启慧。以“庠”“智”“慧”三字命名学生园区，可时刻提醒师生关注教育的宗旨，即德才皆不可缺。这也秉承了陶行知先生办学“以生为本”，培养“德智双全”的学生的教育理念。

“庄”主要是教师宿舍区，“庄”乃村落田舍之称，亦具谨严持重之意，寓意学生犹如树木花果，教师则犹如耕耘之园丁，辛勤付出，践行陶行知先生“捧着一颗心来，不带半根草去”的教育初心和奉献精神。“四庄”分别为一元庄、三才庄、五福庄、六艺庄。一元庄，乃办学之初之首座教师宿舍楼，同时也蕴含着办学的起始和初心，起始之地，不可或忘，办学初心，不可或忘，教育之心，不可或忘。三才庄，喻教师人才聚集。三才指天、地、人，《周易・系辞下》：“有天道焉，有人道焉，有地道焉，兼三才而两之。”五福庄，取祝福祥和之意。五福之说出于《尚书・洪范》：“一曰寿，二曰富，三曰康宁，四曰攸好德，五曰考终命。”“五福临门”，由之而流传。学校赖教师以立，命名五福，更是表达对教师的尊重和期待。六艺庄，取“六艺”以命名。我国古代典籍之六艺，为“礼、乐、射、御、书、数”，是古代文理贯通的六门功课。艺者树也，犹言把六种有价值之种子播撒学生心中，让其生根、发芽、开花、结果。六艺，

含教师为国养才之责。

（二）校园文化景观“以陶为特”

第一，打造行知文化墙。一进重庆人文科技学院大校门，映入眼帘的就是笔直宽阔的行知大道和大道右侧长达100余米的“行知文化墙”。该文化墙由13幅相互独立又紧密相连的主题浮雕壁画构成，集中展示学校是以文、理、工、管、商、艺、体以及教育整体均衡发展的综合性本科高校，学校坚持和发展陶行知先生“知行合一”“爱满天下”“创造教育”等教育思想，将先生的画像及其“手脑双全是创造教育的目的”“教员的天职是变化，自化化人”“真教育是心心相印的活动，唯独从心里发出来的，才能打到心的深处”“要学生做的事，教职员躬亲共做；要学生学的知识，教职员躬亲共学；要学生守的规则，教职员躬亲共守”等教育名言融入学科元素中并与之交相辉映，集中体现了学校的办学特色与办学宗旨。

第二，建设以行知广场为核心的“陶园”。沿着行知文化墙走到行知大道尽头，道路左侧便是学校的文化活动中心——行知广场，行知广场中央是一尊熠熠生辉的陶行知先生的全身坐像。行知广场顾名思义，取名于行知先生，践行行知先生的教育理念，行知广场也因此成为学校师生开展丰富多彩的校园实践活动的重要场所，如政治与法律学院“宪法宣传日”活动、外语学院“英语角”活动、工商学院“娃哈哈营销大赛”、图书馆“读书活动月”活动、校团委“暑期三下乡社会实践”出征仪式……行知广场成了彰显学校青春活力、浓郁校园文化的舞台。

第三，构造处处是“陶影”的校园氛围。通过在全校范围内开展“一院一品”文化建设活动，在学校教学楼、图书馆内张贴陶行知励学警句，以及在教学大楼前，道路两侧花坛、草丛、景观中放置刻有陶行知教育名句的行知语录牌等多种方式，把陶行知的教育教学理念多方面融入校园文化外在的硬环境之中，让陶行知思想无处不在，让学生生活在一个健康的、蓬勃向上的文化氛围之中，从而营造出行知校园文化的浓郁氛围，有力地提升了学校的人文环境，促进了校园文化建设的整体推进。

三、建立“陶味”的宣传体系

校园的文化宣传设施，是非常重要的物质文化内容，是学校开展教学育人、文化渗透和价值培育等活动的重要载体，体现了学校的办学质量、管理水平和文化底蕴。重庆人文科技学院在陶行知教育思想的指导下，逐步完善、统筹规划各处文化宣传设施，在满足广大师生学习、生活需要的同时，很好地展现了文化育人的价值功能。

（一）建设好标志性文化设施

办学20年来，学校以“厚德笃行，求真创造”校训为依托，以“知行合一，服务社会”的办学宗旨为指导，相继建成了图书馆（富学楼）和综合实训大楼（行知大楼）；建成了体现学校办学特色的陶行知研究文史陈列室、民族教育展览馆，体现学校专业特色的计算机中兴通讯信息学院、模拟法庭、建筑设计展厅等文化工程；目前正在建设展现学校办学历史的校史馆和突出办学特色的陶行知展览馆。

（二）建设好宣传报道设施

多年来，学校整合微信、微博、校园网、校园广播等多种媒体，充分发挥校报、学报等的作用，在微信公众号、校园网设立“学陶天地”栏目，定期推送陶行知先生的理论文章和师生学陶师陶心得；通过校园广播诵读陶行知先生的经典作品和评论文章；在学报《民办高等教育研究》上，开辟了“陶行知研究”和“原育才学校老陶子风采”等专栏，发表校内外研陶论文。同时，通过校园宣传栏、LED显示屏、文化长廊、文化墙等，在学校“行知活动月”等时间节点集中宣传陶行知思想，让行知理念润物细无声。

(三)建设好学校标识系统

学校校名从2000年5月的“西南师范大学行知育才学院”到同年12月更名为“西南师范大学行知学院”,到2003年3月更名为“西南师范大学育才学院”,到2006年11月更名为“西南大学育才学院”,再到2013年学校成功转设为独立设置的普通本科高校后更名为现在的“重庆人文科技学院”,都始终不改践行陶行知先生教育理念的办学初心。如今的重庆人文科技学院,虽然校名没有“行知”和“育才”印记,但其校徽以陶行知先生教育理念“知行合一”为设计主体,彰显学校多年来“立陶创特”特色,秉持“知行合一,服务社会”的办学宗旨。目前,校徽被广泛应用于学校办公、会议、活动等中,形成了具有鲜明个性特征的学校名片和特色鲜明的形象标识体系,增强了富有行知特色的校园文化氛围。

第三节　深层内核:融入精神文化建设

精神文化是大学校园文化的核心和灵魂,是校园文化建设的基础和前提,是一所高校办学特色、内涵和精神风貌的集中体现,是高校在长期的办学过程中由校园主体共同创造并被其认可的价值观念及文化氛围的总和,包括高校的历史传统、办学理念、高校精神、校训校风、管理作风、学风教风、科研精神等等。相对于物质文化、制度文化和行为文化来说,精神文化属于最深层次的校园文化,良好的校园精神文化,有利于浓厚的教育、学习氛围的形成,也能在教育不能充分发挥效用的地方产生影响,成为教育的有益补充。

重庆人文科技学院从办学之初就确定了以“行知精神”引领校园文化建设方向和发展的目标,始终抓住探索“行知文化”这个“研陶特色”强教育人,逐步由学陶不够自觉到形成自觉研陶的共识。学校的发展史,是一部举陶旗、立陶论、步陶路、做陶人的成长史，从学校建立至今，学校师生始终将学陶、师陶、研陶、弘陶当作发展事业之根、之本、之魂，当作创新事业的精、气、神。

把陶行知教育思想融入到校园文化建设之中，以发掘陶行知教育思想的文化价值，促进校园文化发展。应该说，重庆人文科技学院这一极富特色的探索，为新时期中国高校校园文化建设，特别是民办高校校园文化建设开创了新路径。如今，在重庆人文科技学院，以“知行合一”为核心的“行知精神”已深入人心，学习行知精神、践行行知文化，已经成为全校师生员工的自觉追求。学校“打造立陶创特文化品牌，推动应用技术型大学建设”成果荣获重庆市第二届教育综合改革试点成果三等奖。爱心捐赠、志愿服务，到企业、进学校、三下乡，已成为师生员工奉献社会、展现爱心的方式。所有这些都表明，重庆人文科技学院以“行知精神”为引领的校园文化建设，在已取得初步成果的基础上，正逐步走向深入。

一、凝练体现行知文化的学校精神

重庆人文科技学院诞生本就是为延续陶行知办学的光荣使命，传承陶行知的办学精神，实现陶行知生前想办“育才大学”的夙愿。可以说，学校是为立陶志、继陶业而创办的。从 2000 年学校建立便以陶行知的名字命名为“行知育才学院”，确立了立陶创特的办学方向，到 2003 年 3 月学校向国家申报独立学院时，按教育部规定学校不能以人命名，改为“西南师范大学育才学院”；到因西南师范大学与西南农业大学合并为西南大学，更名为“西南大学育才学院”，学校一直将陶行知教育思想作为学校的名片。即使到 2013 年转设更名为重庆人文科技学院，仍一直坚守办学初衷。

（一）打造校训、校徽、校歌等文化名片，弘扬学校精神

校训是大学精神之所在，既反映大学的办学特色，又体现大

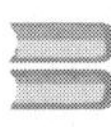

学的历史底蕴，更蕴含大学的价值理想，同时还昭示着大学的凝聚力，彰显着师生的精神风貌。

重庆人文科技学院自办学以来，踏着时代脉搏，遵循学校的办学宗旨、目标定位和人才培养要求，不断积淀、凝练校训。2009年，学校凝练形成了“厚学养德，树人育才”的校训。随着成功转设，学校进一步传承陶行知先生的办学理念，紧跟时代足音，凝练、升华办学内涵和精神，经过全校师生反复酝酿，在“厚学养德，树人育才”基础上形成现在“厚德笃行，求真创造”的校训，引领着学校向更高、更远、更深、更大的目标迈进。“厚德笃行，求真创造”的校训，是全校师生集体智慧的结晶。

“厚德笃行，求真创造”的校训已广泛应用于学校的各个领域，并贯穿学校发展的始终，成为全校师生的共同价值取向和目标追求，体现在校园文化墙、毕业证书、新生录取通知书、招生简章、新生军训等有形载体和无形的师生精神中，成为学校全体员工奉行的基本准则和思想内核。

同校训相似，同样可以展现学校精神和办学理念，起到凝聚、激励、宣传作用的还有校歌、校徽等。校徽的意义重大，它是一所大学最基本的宣传标识，也是一所大学最基本的文化标识，通过校徽，能快速地认识一个学校。校徽往往默默地诉说着学校的历史、未来和价值理念。重庆人文科技学院的校徽图案以陶行知先生“知行合一”教育理念为内核和设计主体，以双圆同心为整体框架。内部圆形区域以“知行合一”古篆体为基础设计再造图形，外圆以重庆人文科技学院为标题，采用双语对应，形成整体图案，彰显学校多年来“立陶创特”特色，“知行合一，服务社会”的办学宗旨。学校广泛运用校徽，不断增强师生员工的归属感、认同感和责任感。目前，已广泛应用于学校信封、信笺、文件袋、手提袋、水杯、名片等中；应用于会议座牌、会议 ppt、会议专用纸、议程单等中；应用于校园文化产品，如文化衫、雨伞、签字笔、皮夹等中。

学校校歌《放飞梦想》，由学校文学与新闻传播学院副院长段茂升作词，艺术学院青年教师曾桢作曲。歌词以学校所在地合川、凤凰山起兴，选取“拓荒”“行知”“古圣”等意象，一语双关，既紧贴学校秉承的陶行知教育思想、培养“知行合一”应用型人才的办学理念，蕴含着对校训“厚德、笃行、求真、创造”的阐释，又反映了学校拓荒的历史、蓬勃的现状和充满希望的未来，展示了广大师生敢担当、有作为的价值追求和精神风貌。这是“厚德”的精神基础，也是“笃行”的真实写照。

校歌第二段描写学校蓬勃的办学盛况，再现师生教学情境。“博文”“格致”是学校最早的教学楼，蕴含了学校的专业规模和办学理想，既有人文社科的博学明礼，也有理工农医的思辨理性，展示了以人文为基础、科技为发端的多元发展之路。“庠”“序”“智”“慧”四个学生生活园区，寄语广大青年学子要敢于放飞梦想，挥洒青春激情，在国家创新发展的道路上敢于担当、自立自强。这是“求真”的实践，也是“创造”的希望。副歌则是对学校发展、师生学习生活的真实写照和美好祝愿。“殿堂”“栋梁”“海洋”“远航”，虚实结合，营造出既有现实力量感又满怀希望的博大意境。

校歌一诞生，就广泛运用于新生军训、班级歌咏比赛、学校合唱比赛、团学活动以及学校大型活动中，受到广大师生的欢迎和广泛传唱。

（二）开发校史资源，建成传播学校精神的鲜活教材

学校相继打造了档案室、陶行知研究文史陈列室、民族教育展览馆，并以学校二十周年校庆为契机，从 2019 年开始，组织专人，成立专班积极筹备建立重庆人文科技学院校史馆、陶行知研究文史展览馆，编著校史，成立重庆人文科技学院校友会……同时在校级党建和思想政治教育科研课题中增设校史研究项目，开设校史选修课程和校史专题讲座，全面总结学校办学成就，为重庆人文科技学院建校 20 周年献礼，以求更生动、鲜活地呈现和诠释学校“厚德笃行，求真创造”的办学理念和“知行合一，服务社会”的办学宗旨，再现学校师生敢闯敢试、改革创新的优良传统。

二、建设具有行知风貌的学校"三风"

高校精神文化是一种隐性文化，主要是通过教风、学风和校风体现出来的。教风、学风和校风是一所高校的灵魂，是高校精神的主要体现，关系到学校和师生的前途和命运。教风是高校教师从事教育工作的思想行为态度、方法与作风的体现；学风是高校师生治学态度、方法和风气的体现；校风是高校师生员工共同具有的整体的思想行为作风的体现，加强学校精神文化建设，从根本上讲就是加强学校的"三风"建设。

（一）全面营造优良校风，使行知精神充满校园

重庆人文科技学院的校风是"立己立人，止于至善"。这要求育人者必先育己，立己者方能立人，要用最好的道德来指导教学、学习，规范行为，体现了学校全体师生的共同目的、理想和长期实践形成的行为习惯和道德风尚，也体现了学校秉承陶行知教育思想的办学理念、办学特色和培养德才兼备应用型人才的人才培养目标。"立己立人，止于至善"既是重庆人文科技学院师生思想道德情操的标尺，又是学风和教风的核心体现，更是学校办学的精神支柱。学校在办学实践中使校风深入人心。一是加强师生理论学习。通过广泛开展读书读报、培训报告、理论学习等活动，提高师生的理论水平和理论修养；举办院长论坛、处长论坛，全面贯彻落实全国教育大会和新时代全国高等学校本科教育工作会议精神，加快建设高水平本科教育，进一步浓厚学校学术氛围，提高人才培养能力。二是强化学校管理、服务人员的作风建设。通过学习培训、专题培训、实践活动等形式，对机关工作人员素质提升进行专业化、系统化培养；通过开展模范处室评选等活动，营造机关处室争创文明、争创先进的良好氛围。三是在学校中营造民主管理的氛围。比如设立"金点子"奖项，鼓励广大师生共同推进学校发展建设，积极为学校发展建言献策，利用集体智慧促进学校

迎来更好的发展，充分激发广大教职员工的主人翁意识和工作积极性。

（二）严格抓实教风建设，使善德善教深入人心

第一，以“真”教人，持正守德。重庆人文科技学院的教风是“持正守德，勤思善教”。持正守德，即操守正直，遵循道德规范，是从教师道德修养、师德师风的层面对形成良好教风的主体教师提出明确的要求。为人师者，既要有渊博的知识，更要有高尚的人格，有对教育的敬畏，“教师不能只做传授书本知识的教书匠，而要成为塑造学生品格、品行、品味的‘大先生’”[①]。陶行知先生是“捧着一颗心来，不带半根草去”，把毕生的精力奉献给教育事业，以真挚的感情对待学生，给他们以鼓舞，点燃他们追求进步的希望之火。“真教育是心心相印的活动。唯独从心里发出来的，才能打到心的深处。”[②]纸上的教育改造能有多大效力？大家把整个的心捧出来献给小孩子，才能实现真正的改造。教人学真、学做真人应从教师自身开始，为人师者高尚的师德正是在教育实践中真切地践行“千教万教，教人求真；千学万学，学做真人”[③]理念的体现。

学校将师德师风建设作为学校校园文化建设的首要工作，一方面加强教师思想教育，通过宣传《中华人民共和国教育法》《中华人民共和国高等教育法》和《高等学校教师职业道德规范》等，使广大教师自觉依法依规开展教育活动。另一方面加强教师道德教育。通过建立师德师风教育机制、构建师德师风宣传机制、强化师德师风监督机制、规范师德师风考核机制、完善师德师风激励机制、严格师德师风惩处机制等措施，严格制度规定，强化日

①习近平.习近平首次点评“95后”大学生[N].人民日报，2017－01－03.

②陶行知.陶行知全集（第2卷）[M].四川教育出版社，2005:363.

③华中师范学院教育科学研究所.陶行知全集（第3卷）[M].湖南教育出版社，1985:608.

常教育督导，加大教师权益保护力度，倡导全校尊师重教，激励广大教师努力成为“四有”好老师。

第二，教学做合一，勤思善教。勤思善教，即勤于思考、善于教学。陶行知先生说：“我们做教师的人，必须天天学习，天天进行再教育，才能有教学之乐而无教学之苦。”①新时代的教师必须做到“（一）敢探未发明的新理……（二）敢入未开化的边疆”②。先生认为新时代的教师应该善于学习、勤于思考，敢于创造。同时，先生指出，“我以为好的先生不是教书，不是教学生，乃是教学生学”③，倡导教学做合一，他认为只有在做中教、做中学，才能从实践中得出“真知”，才能实现“处处是创造之地，天天是创造之时，人人是创造之人”④的目标。

重庆人文科技学院高度注重教师的技能素质培养，近年来采取了系列措施，开展了系列活动提升教师业务水平，以实际行动践行“教学做合一”。一是打造“金课”，着力提高课堂教学质量。出台《重庆人文科技学院“一流课程”建设管理办法》，实施三级五类课程建设，建设一批校内一流课程。深化教学方式变革，推进云教学平台建设，实现线上线下结合教学，提升课堂教学质量。二是培养名师，着力提升教书育人能力。出台《重庆人文科技学院“一流教学团队”管理办法》，实施教学名师培养计划，促进教师教学能力提升，加强师德师风建设。建设校级一流教学团队 20 个，培育市级一流教学团队 3 个；开展以专业负责人说专业、教师说课程、学生说学习为主的教研月活动；从人才培养、课程建设与改革、教学观摩、实践教学、质量监控等方面入手开展“教学质量提升年”活动；开展“五说”系列活动和“晒教案”等活动，广泛征集优秀教案并开展优秀教案展评活动。三是协同育人，着力培养学

①华中师范学院教育科学研究所.陶行知全集（第 3 卷）[M].湖南教育出版社，1985：605.

②陶行知.陶行知全集（第 1 卷）[M].四川教育出版社，2005：21—22.

③陶行知.陶行知全集（第 1 卷）[M].四川教育出版社，2005：19.

④董宝良.陶行知教育论著选[M].人民教育出版社，2011：562.

生的创新实践能力。四是加强监管，着力完善质量监控与保障体系。建立全方位、多层次的质量监控体系，实时监管本科教学质量，建立质量预警机制；制定《重庆人文科技学院关于进一步加强教学过程管理的意见》，加强教学过程管理。

（三）全面推进学风育人，使勤学笃行之风日趋浓厚

重庆人文科技学院学风为“见贤思齐，学而不厌”。“见贤思齐”即向贤者看齐，以贤者的标准要求自己，具体来说就是要学习别人的优点，不断成长自我；看见别人的优点，宽容待人；以行动学习，做到知行合一。“学而不厌”即要勤于学习，善于学习。优良的学风是学生顺利完成学业，养成良好学习态度和习惯的重要保障，加强学风建设是学校加强学生教育管理工作的首要任务。学校在学风建设方面，一是加强思想教育，端正学习态度。加强对大学生尤其是大学新生的思想教育，比如通过入学教育、主题班会、晨读晨练、严抓养成教育等形式，明确学习目的，端正学习态度，养成良好习惯；严抓舍风、班风、院风，努力形成良好的学习氛围，为优良学风的形成打好基础。二是严明学习纪律，规范日常管理。制定了《重庆人文科技学院学生日常行为规范》《关于进一步加强学风建设的实施意见》等，探索班主任及学生导航学长制度和落实领导干部联系学生制度，建立学风建设工作体系并进一步明确目标、举措，全面指导学风建设工作的开展。加强对大学生上课出勤的考核检查力度，减少上课迟到、旷课等不良现象；规范大学生健康合理使用手机、电脑等电子产品；严肃考风考纪，加强诚信教育，努力杜绝考试作弊等现象。三是完善评价制度，端正学习动机。制定了《重庆人文科技学院综合测评实施办法》等，转变传统的以学习为主要甚至是唯一的评价制度，建立以素质教育为核心的过程性综合评价系统，积极探索灵活多样的学生考核评价制度。四是丰富学风建设活动形式及内容，提升学风建设内涵。比如开展“秀笔记”“寻找身边的学霸和优良学风寝室”“大学生四年阅读 100 本书”“十佳读者评选”“书香寝室评选”等

活动，全面营造学习氛围；以园区为依托，在园区设立特色党支部、分团委，通过教育类活动进园区，营造学生园区学习氛围，挖掘学生学习新阵地。同时，设立图书馆分馆、自习室，为学生学习创造良好条件；开展学风建设大讨论。通过专题报告、专题讨论、微沙龙、主题党日活动等形式，以党团组织、学院、班级、宿舍等不同集体为依托，把“找准思想定位，明确讨论主题，做到立行立改，加强宣传交流，总结经验做法”作为工作要求，将党政领导、学科带头人、青年教师、辅导员、广大学生有机统一起来。

2019—2020年为重庆人文科技学院“三风”建设活动年，学校将秉承“知行合一，服务社会”的办学宗旨和“厚德笃行，求真创造”的校训，大力弘扬“捧着一颗心来，不带半根草去”的大学精神，在全校上下形成“立己立人，止于至善”的优良校风，促进学生全面发展，不断提高教育教学质量。围绕让“学生忙起来、教师强起来、管理严起来、效果实起来”制定措施，深化本科教育教学改革，培养德智体全面发展的高素质应用型人才，以制度建设和规范管理为突破口，以期经过一年的努力，形成文明和谐的校风、优化育人环境；教风踏实、求真求善、不断创新；学风规范、善学乐学、全面发展；最终使学校成为教学质量一流、学生能力突出、办学特色鲜明、社会满意、家长放心的全国一流民办应用技术型大学。

第四节　机制保障：融入制度文化建设

高校制度文化是指高校在办学、治学过程中执行上级相关法律制度、政策要求时，根据需要而制定的内部规章制度、规范准则及其在落实过程中体现出来的办学理念、指导思想和价值观念等，是校园文化的重要组成部分。学校以其管理规范师生行为，实现教育理想。

高校制度文化建设，是高校校园文化建设的关键，是顺利推进校园文化其他层面建设的机制性保障，从一定意义上看，制度文化也是实现“文化育人”功能与“立德树人”目标的根本保证。

在学校中，制度文化的表现形式主要是各种体制、机制和规则，也就是学校管理中的各种规章制度和工作程序。没有规矩，不成方圆。科学的规章制度可以保证学校各项工作的有序进行，是学校走向规范化治理的重要途径。

陶行知先生在学校管理中十分重视学校规章制度的建立。在订立规章中，陶行知把以人为本的理念引入校章，符合学校培养人才的目的。学校管理是针对人的管理，在制定规章时应充分考虑到师生的接受和认可程度，尊重人、理解人。陶行知还认为，学校规章制度的设立必须采用民主集中制原则进行，集思广益，发扬民主，不是简单由校长说了算，必须拥有一定的师生群众基础，这样制定出来的规章制度才能得到师生的共同拥护。对于约束学生的条例，最好由学生自己去提出，这样可以更加贴近学生的生活，制度也就更具有可行性和操作性，他曾说：“我们办学的人所定的规则，所办的事体，不免有与学生隔膜的。有的时候，我们为学生做的事体越多，越是害学生……勉强定下来，那适应学生需要的，或者遗漏掉；那不适应学生需要的，反而包括进去。等到颁布之后，学生不能遵守，教职员又不得不执行，却是左右为难，甚至于学生陷于违法，规则失了效力，教职员失去信用。若是开放出去，划出一部分事体来，让学生自己治理。”[①]陶行知主张建立校章对现代学校管理具有参考价值，把学校的人、财、物纳入规章的制定范围之内，形成科学合理的机制，从而发挥最佳效益，为构建和谐的校园文化提供制度保障，推动学校其他工作的高效运行。

总之，陶行知先生关于大学制度文化建设、校园管理的思想中最核心的就是民主治校，其次是依法治校、学术自由和学生自

---

①中央教育科学研究所.陶行知教育文选[M].教育科学出版社，1981：11－12.

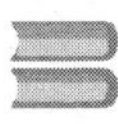

治。无论是晓庄师范，还是育才学校、社会大学等，都体现了陶行知的这些办学思想。重庆人文科技学院一直秉承陶行知的教育理念办学，因此从办学以来就以“行知精神”为引领，将行知精神体现在学校的各项规章制度和工作程序之中，把制度文化建设当作一个有机的动态系统来研究，对校园制度文化的建设作出了宝贵的探索，坚持以人为本，着力构建符合人的发展要求、公正合理的现代大学制度，形成了具有行知特色的“以人为本，刚柔相济，情系师生”的管理风格和制度体系，为学校发展提供有力支撑。

一、推进依法治校

（一）科学制定学校章程，依法规范管理

为建立现代大学制度，推进依法治校，规范学校办学行为，更好地实现学校的奋斗目标，重庆人文科技学院于 2014 年专门组织力量，根据《中华人民共和国高等教育法》等有关法律规定，起草制定了《重庆人文科技学院章程》，并于 2018 年进行了修订。该章程明确学校是全日制民办本科高校，具有独立的法人资格，依法享有民事权利，独立承担民事责任，坚持依法自主办学，依法实施民主管理。学校章程是学校的基本法，规定学校的治理结构和根本制度，它是所有校内规章制度的“母法”。在起草及修订章程的过程中，学校通过组织调研，召开了由校内法律专家和部分学院、职能部门负责人参加的座谈会，并将修订章程的通知下发到各学院以征求意见等方式充分讨论，深刻认识到学校章程不同于一般企业章程，学校章程应该起到承载大学精神和建构大学制度的作用，应当体现高校的行为特征。学校坚持以章程为纲领，不断优化制度体系，完善内部治理结构，营造良好的法治环境，大力推进依法治校，加快现代学校制度建设，实现内涵式发展。

（二）优化内部治理结构，健全管理制度

一是 2019 年学校重新修订完善了董事会领导下的校长负责

制实施细则、校务会议事规则和党委会议事规则等，进一步提高决策的科学化水平。二是成立纪检监察与审计处，突出党内监督，确保学校重大决策部署有效推进。三是成立法律事务部，承担学校法律咨询、服务及重要决议、规范文件、合同等合法性审查，提升学校法律风险防范能力。四是成立信访办公室（设在党政办公室），2019 年制定下发《重庆人文科技学院校领导接待日制度》，坚持实施“校领导接待日”制度，建立领导干部接访工作台账，认真受理师生来信来访，维护教职工权益与学校和谐稳定。五是成立学生申诉处理委员会，2017 年重新修订下发《重庆人文科技学院学生申诉处理办法》，学生对处理或者处分决定不服的，对学校有关部门所作出的涉及学校、教职工侵犯学生人身权、财产权等合法权益处理决定不服的，对法律、法规规定可以提出申诉的其他情形都可以依法提出申诉，申诉委员会对学生提出的申诉进行复查，在接到书面申诉之日起 15 日内作出复查结论并告知申诉人，进一步保障了学生的正当权益。六是建立教职工申诉机制，维护教职工合法权益。近年来，学校紧紧围绕和谐社会、和谐校园、平安校园建设的要求，积极推行以校内申诉为基本形式的教职工诉求表达机制，成立了劳动争议调解委员会，办公室设在教师工作部（人事处），进一步创新教职工维权机制，拓展教职工维权渠道，切实维护教职工合法权益。七是健全学术管理体系，使学术活动规范有序。成立了学术委员会，出台了《重庆人文科技学院学术委员会条例》，确立学术委员会作为学校最高学术机构的地位，明确界定决策、审议、评定和咨询等职权范围，重构校院（部）两级学术管理体系，巩固教授治学的制度保障，在规范中提升学术创造、创新能力，促进学术繁荣与发展。八是加强民主管理，修订教职工代表大会、工会代表大会、学生代表大会、党务公开、校务公开等制度，完善民主管理和监督体系。九是成立学校校友会，不断完善工作机制，积极构建面向社会的支持与监督长效机制。

二、实施民主管理

重庆人文科技学院在长期办学中树立了“以人为本”的管理理念，坚持民主决策、科学管理和人性化服务的价值取向。一是健全和完善董事会领导下的校长负责制。陶行知先生每办一所学校，必先建立学校董事会。他认为它是管理学校的最好的组织模式，而且有利于发挥民主集中制管理原则的功效。1927 年，陶先生在试验乡村师范学校成立之初，聘袁观澜为董事长，后更名“晓庄师范”时，又由著名教育家蔡元培先生任董事长。重庆人文科技学院是全日制民办普通本科高校，建校以来一直实行董事会领导下的校长负责制，董事会接受市教委领导、管理、指导和监督，是学校的最高权力组织。校长接受董事会领导，并计划负责监督全校一切事宜。学校实行党政联席会议制度，科学民主决策，突出校长基本职责及行政管理权限。办学以来，学校建立健全了会议、调研、征求意见等方面的相关制度，坚持和加强党对学校工作的全面领导，依法支持校长独立行使职权，规范议事范围、决策程序、决策内容和领导行为。2019 年重新修订下发了《重庆人文科技学院校务会议事规则》和《重庆人文科技学院党委会议事规则》，进一步完善了学校决策程序，促进了各项工作的规范化、制度化，提高了会议质量和工作效率。学校工作中的各类重大事项，均须经校务会研究决定，重大问题均应报董事会同意批准后实施。校务会成员由学校党委书记、常务副书记、纪委书记和校长、执行校长、副校长、财务总监等组成。会议必须有半数以上成员到会方能召开，工会、教代会、纪检监察处、党政办公室负责人列席会议，议题相关单位负责人可以列席会议，涉及师生切身利益的重大议题可以邀请师生代表列席。二是完善校院两级管理的制度，突出二级学院的办学主体地位。校院两级管理模式是推进学校管理民主化的重要环节，为适应学校事业发展需要，进一步深化学校管理体制改革，激发各二级学院、职能部门办学活力和创新力，提高办学效益，学校制定了《重庆人文科技学院二级学院、机关及直附属单位工作经费使用管理办法(暂行)》，努力实现办学资源的主体由学校向学院转变，充分调动了二级单位，尤其是二级学院的积极性、主动性，管理更民主，管理效果更显著。与此同时，加强对院系规范化运作的监督和重大事项事中、事后检查，建立长期评估、中期考核、年度报告制度，加强院系的评估和考核，建立绩效激励机制，学校财务处为各二级学院和各部门及直附属单位设立专账，认真监控开支项目的合理性，尤其对大额开支项目更是严格审核。加强对院系治理体系和治理结构建设规范化的监督，加强对院系党政联席会议等决策运行规范化的监督，加强对院系党政班子的建设与考核。制定了《重庆人文科技学院二级学院党政联席会议制度》《中共重庆人文科技学院委员会二级学院党组织议事规则》等，规范二级学院组织管理。三是建立健全了教代会、工会制度，切实强化对教职工合法权益的维护。2018 年制定下发了《重庆人文科技学院教职工代表大会实施细则》，学校改革发展的重大决策、财务收支情况、福利待遇以及涉及教职工权益的其他事项，及时向教职工公布，做到内容公开、程序合法、切实可行，自觉接受评议和监督。2018 年 3 月 29 日—30 日召开了重庆人文科技学院首届教职工代表大会暨工会会员代表大会，向依法保障教职工参与学校民主管理和监督、完善现代大学制度、依法治校迈进了一大步，激发了教职工积极参与学校管理、建设和发展的热情，教职工通过在教代会上交提案，为学校的发展献计献策，学校对提案分别进行审议、讨论，并作出答复，充分保障教职工的知情权、参与权、表达权、监督权。四是集思广益，营造民主治校氛围。坚持实施“校领导接待日”制度。为进一步畅通沟通渠道，加强学校民主建设，促进学校科学发展，学校于 2019 年制定并下发了《重庆人文科技学院校领导接待日制度》，建立领导干部接访工作台账，认真受理师生来信来访，维护教职工权益与学校和谐稳定；持续开展“我为学校建言献策金点子奖”活动。为增强教职工的主人翁意识，激发教职工参

与民主管理的热情，凝聚全校教职工的智慧与力量，学校工会制定下发了《重庆人文科技学院"金点子"活动方案》，鼓励教职工重点围绕学校发展、队伍建设、专业建设、教学管理、特色建设、校园文化等方面所面临的问题或不足建言献策，对经研究予以采纳的"金点子"给予一定奖励，如有能给学校带来重大经济效益或产生重大社会影响的"金点子"，校工会将建议学校行政另行奖励，形成了共同谋划学校发展、共同参与学校建设、共同提高人才培养质量的浓厚氛围；制定《党员领导干部联系党外代表人士制度》，更新党外人士动态数据库及信息台账，召开统一战线成员座谈会，使其参与学校民主管理。持续开展"校领导与学生共进午餐活动"。为进一步强化领导干部联系学生制度，创新思想政治教育形式，有的放矢，把解决思想问题与解决实际问题相结合，共谋学校发展，学校制定下发了《重庆人文科技学院校领导与学生共进午餐活动方案》，开辟了一个学校与学生平等互动的平台，增强了学校教育的民主性，也有效地培养了现代学生的公民意识。学生代表们都纷纷表示，希望类似的活动能够常态化地举办下去，倾听更多真实的声音，搜集更多良好的建议，使学校越办越好。

三、制度管理与机制激励

（一）加强制度建设，规范管理体系

高校情境下的刚性制度包括国家宏观层面指导性质的教育法、教师法、高等教育法，以及学校为适应管理或办学发展需要制定的一系列规章制度。在学生管理方面，陶行知先生认为，学生的年龄特征，决定了他们还不善于自检自查自律自审，所以有必要用制度来规范。

重庆人文科技学院为加强学校的管理，促进学校安全稳定快速发展，制定并完善了涉及行政管理、教学管理、日常学生管理、教学科研管理、师资管理、财务管理、后勤保障管理等的各项管理

制度，约束规范办学和师生行为。例如在教学科研管理方面，制定了《重庆人文科技学院课堂教学管理实施细则》《重庆人文科技学院高水平本科教育建设专项行动计划实施方案》《重庆人文科技学院考试工作管理细则》《重庆人文科技学院学年学分制学生学籍管理细则》等系列制度，保障教学运行和管理。制定了《重庆人文科技学院关于进一步加强教育教学过程管理的规定》《重庆人文科技学院教学督导工作条例》《重庆人文科技学院领导干部听课制度》《重庆人文科技学院学生评教工作条例》等制度，建立了全方位、多层次的质量监控体系，实时监管本科教学质量，建立质量预警机制，对教学活动实施有效评价，提高教学质量与水平；制定了《重庆人文科技学院学术不端行为处理办法》《重庆人文科技学院学术委员会条例》《重庆人文科技学院学术规范》等制度，维护学术道德，规范学术行为，严明学术纪律，促进学校学术活动持续稳定的发展。制定了《重庆人文科技学院教职工考核实施办法》等制度，提高学校教育教学质量和工作效率，全面客观总结和评价教职工全年的德才表现和工作实绩，充分调动全校教职工的工作积极性和创造性。制定了《重庆人文科技学院教职工考勤管理办法》，加强全校教职工的组织性、纪律性，确保学校教学、科研和管理等各项工作的良好秩序。在日常学生管理方面，学校制定下发了《重庆人文科技学院学生日常行为管理规定》《学生违纪处分管理规定》《重庆人文科技学院学生晚归、不归违纪处分管理办法》《重庆人文科技学院学生校外住宿管理办法》《重庆人文科技学院大学生创新创业实践学分管理办法》《重庆人文科技学院学科（技能）竞赛管理办法》等制度，建立起从学生入学到毕业整个过程中的有关学习、生活、社团活动、文娱体育活动、社会活动、校园秩序等方面的制度体系。

（二）加强柔性管理，提高管理效能

陶行知先生认为，对于学生的管理，应该是外在的管理与学生自治相结合，两者相互依赖、融为一体。一方面学校应该重视

各项规章制度的制定与实施，另一方面要更加注重学生的自我管理，也就是先生说的“学生自治”。先生说：“‘学生自治是学生结起团体来，大家学习自己管理自己的手续’；从学校这方面说，就是‘为学生预备种种机会，使学生能够大家组织起来，养成他们自己管理自己的能力’。”①

高校情境下的柔性管理是指“以师生为中心”，柔性管理在师生管理中更能体现对师生的人文关怀和尊重，更能激发教师的自律性和自觉性，更能通过师生主体的内心信念来激发潜能和创造力。重庆人文科技学院在制度文化建设中，就非常注重师生“自治”，尊重其主体地位，建立基于师生的柔性管理机制，实现学校“以生为本”、办学“以师为本”。尊重学生在学校、教师在办学中的主体地位，尊重师生的个人价值，促进师生全面发展和个性化发展。

第一，加强师生治校参与度。一方面通过党政联席会、教职工代表大会等途径，充分征求广大教职员工的意见建议，尊重教师的制度制定参与权和质询权，增强他们的归属感和主人翁意识；另一方面通过召开学生工作大会、学生座谈会，“校领导接待日”“校领导与学生共进午餐活动”等多种途径了解广大学生的合理诉求，进一步促进规章制度的科学性，提高大学生的自我管理水平和爱校意识、民主意识、法治意识，使他们形成积极的参与意识和正确的价值观念。

第二，建立完善师生激励机制。一是在激励和帮助教师成长方面，制定并下发《重庆人文科技学院教师择优资助计划实施办法》《重庆人文科技学院管理岗位职员职级晋升暂行管理办法》等，进一步完善了专业带头人选拔机制，完善了中青年英才教师、骨干教师能上能下的培养选拔制度，培养了一批具有创新能力的中青年教师，带动学校专业转型、科研水平更上一层楼；制定下发《重庆人文科技学院教职员在职攻读研究生管理办法》《重庆人文

---

① 中央教育科学研究所．陶行知教育文选[M]．教育科学出版社，1981：9．

科技学院教师培训进修管理办法》等，大力支持鼓励中青年教师参加各种活动以更新知识、提高应用能力，促进青年教师知识能力结构转型，不断完善青年教师继续教育培养制度，通过研修培训、学术交流、海外访问学者、青年英才和项目资助等方式，着力培养中青年教育教学骨干，培育学科专业带头人。为促进中青年教师快速成长为转型发展中的教学与科研骨干，学校制定下发《重庆人文科技学院教育教学成果奖励实施办法》《重庆人文科技学院科研成果奖励办法》《重庆人文科技学院教师课堂教学比赛实施办法》等，建立健全学术激励制度，充分调动教师开展学术创新活动的积极性与主动性；实施岗前培训制度和导师制度，充分发挥老教师对青年教师的传帮带作用，帮助青年教师过好教学关。二是在激励和帮助学生成长方面，学校制定下发《重庆人文科技学院国家奖学金评审实施细则》《中国共产主义青年团重庆人文科技学院委员会创先争优评选办法》《重庆人文科技学院大学生创新创业实践学分管理办法》等，激励学生勤奋学习，努力进取，在德、智、体、美等方面全面发展，增强荣誉感和责任感，培养学生实践动手能力、创新精神和创业意识，促进学生个性发展；制定完善《重庆人文科技学院家庭经济困难学生认定办法》《重庆人文科技学院学生困难补助管理办法》《重庆人文科技学院学生勤工助学管理办法》等制度，切实做好学校对家庭经济困难学生的资助工作，培养学生自立自强精神，增强学生社会实践能力，帮助他们顺利完成学业。

第三，坚持公开公平工作程序。在工作程序中体现陶行知师生平等的理念，以尊重师生、方便师生为工作程序设计的主旨，如在贫困生筛选中注意保护学生的隐私；扩大学生自主选择专业、选择课程的权利；建立行政管理、后勤服务等的问责程序以维护师生合法权益等等。

第五节　动态表现:融入行为文化建设

高校行为文化是指高校师生在校园中从事的,具有自身特点的教学、科研、学习、体育、娱乐及生活等行为活动,及其所体现的精神状态、行为操守和文化品位等,主要表现为教职工的工作作风、师生的精神风貌和人际关系等。

校园行为文化是校园精神文化、物质文化与制度文化三者共同作用的结果,只有通过行为文化,校园文化的建设成果与发展程度才能得以体现。行为文化是校园文化建设的重点,也是校园文化建设的最终落脚点。优秀的校园文化能否被师生认可、内化和传承,最终都要通过师生的言行举止来展现。而社会各界评价一所学校校园文化建设成效的主要依据就是这所学校广大师生的一言一行,因此师生的言行也就成为一所学校校园文化最客观、最生动的"活广告"。

在探索行知特色校园文化建设中,重庆人文科技学院非常注重行为文化的建设,将陶行知教育理念融入到学校行为文化建设中,开展丰富多彩、喜闻乐见的校园文化活动,在活动内容的生动性、形式的灵活性、学生的主动性、师生的互动性上下功夫,营造良好的文化环境和精神氛围,促进师生形成积极向上的文化意识和价值观念。

一、活跃学术研究氛围

学术活动是高校行为文化的主要形式和内容之一,反映着一所大学的学术水平和学术氛围,对广大师生影响较大。陶行知思想要融入高校行为文化建设,就必须要融入到高校学术活动之中,只有这样才能发挥出"融入工作"的最大效能。

重庆人文科技学院在践行陶行知教育理念的办学进程中,大力推动陶行知教育思想学习研究。一是成立研究机构。在强化陶行知研究会活动基础上，学校积极筹备并于2016年成立了陶行知教育思想研究机构——重庆人文科技学院陶行知教育理论与实践创新研究协同创新中心。这一平台能够更好地推进学校“立陶创特”活动的开展。二是广泛开展陶行知思想科研活动。2015年5月，学校组织的课题组完成了中国陶行知研究会重点课题——“构建‘立陶创特’实验模式，创立‘现代育才新学’”，撰写了2.2万字的研究报告，提出了以“学陶立制、师陶立位、研陶立论、创陶立人”为特征的“立陶创特”教改实验模式，获得中陶会高度评价。2015年1月，重庆人文科技学院陶行知研究会组织编写完成了书稿《陶行知教育思想新论》，约16万字，选编注释了书稿《陶行知教育名篇精选读本》，约20万字；2015年1月、8月，重庆人文科技学院陶行知研究会分别选编了论文集《陶行知教育思想与实践研究》(上、下两集)，收录了近几年重庆人文科技学院教研人员研究陶行知教育理论与实践，并结合学校改革发展实际所撰写的陶行知研究论文共120余篇，共约60万字；为突出学校“举陶旗”的特色，在《民办高等教育研究》开辟了“陶行知研究”专栏，加强与全国各地陶行知研究专家学者的联系，吸纳各地陶研学人投稿，使“陶行知研究”栏目成为学校推进“立陶创特”活动的一扇明亮的窗户。

二、规范师生日常行为

高校校园文化建设的水平，最终要落实和体现在广大师生员工的日常行为之中。在师生日常行为文化建设过程中，要不断强化自律，注重养成，把理想信念、价值追求、办学理念内化为师生的自觉行动；通过加强师生日常行为规范建设和开展精神文明创建活动，不断激励广大师生做陶行知教育理念的践行者、推动者。

(一)以陶行知师德观引导教职工的言行,树立良好师德形象

陶行知认为从事新教育的教师应具备五个条件,即要有信仰心、责任心、共和精神、开辟精神和试验精神。对于国家与社会,陶行知强调教师要有“捧着一颗心来,不带半根草去”、爱国爱人民、乐于奉献的精神,要认定教育是实现理想社会的历程,教育是大有可为的事,是人生一件大事。对于学生,陶行知强调教师要有“爱满天下”的大爱精神,他深信,关心爱护学生是师德的重要组成部分。对于教师职业,陶行知强调教师要爱岗敬业,“一定要看教育是大事业,有大快乐”①,教师只有热爱自己的事业,才谈得上有责任心。对于教书,陶行知强调教师应有求真务实精神,要精于业务,学而不厌,要“千教万教,教人求真……千学万学,学做真人”②,教师要做到教人求真,就必须敢于追求真理,改进教学方法,积极投身实践,加强自身修养。陶行知强调教师要以身作则,率先垂范,做到学高为师,身正为范。他认为:“教员的天职是变化,自化化人。”③要把学生教好,教师自己必须做好模范,为人师表。对于师生关系,陶行知强调教师要谦逊豁达,协作合群,提倡集体精神,反对个人主义。

重庆人文科技学院高度重视师德师风建设,将陶行知“捧着一颗心来,不带半根草去”的奉献精神作为大学精神,坚持“师陶活校”,强调“以陶为师”,深入学习陶行知先生的教师论和师德观,走“强师为本、质量为赢”的创特之路,在师德师风建设和教师队伍建设方面采取了一系列强有力的措施。

---

①陶行知.陶行知全集(第1卷)[M].四川教育出版社,2005:270.

②华中师范学院教育科学研究所.陶行知全集(第3卷)[M].湖南教育出版社,1985:608.

③江苏省陶行知教育思想研究会,南京晓庄师范陶行知研究室.陶行知文集[M].江苏人民出版社,1981:217.

第一，在师德师风建设方面，一是建立了完备的师德师风建设制度体系和有效的师德师风建设长效机制。制定了《重庆人文科技学院教师职业道德规范》《重庆人文科技学院教师教师岗位职责》《重庆人文科技学院关于高校教师师德失范行为处理意见认定办法》等，进一步提升教师职业道德标准，规范教师教育教学行为，让师德师风建设有章可循，有据可依。二是加强师德宣传，培育重德养德良好风尚。学校始终将师德师风教育摆在教师培养首位，并贯穿教师职业生涯全过程。将师德师风教育作为青年教师岗前培训、年度优秀教师培养、新秀教师、骨干教师、英才教师和学科带头人培育的重要内容。重点加强社会主义核心价值观教育、陶行知教育思想、理想信念教育、法制教育和心理健康教育，将教师法、高等教育法、教育法、《高校教师职业道德规范》、《陶行知教育理念》、《新时代教师职业行为十项准则》作为教师培训的必修课程。把师德师风模范典型请进课堂，用他们的感人事迹诠释师德内涵，引导教师成为学高为师、身正为范的践行者。通过学校的广播电视台、学报、微博、微信等媒体形式，在教师节等重大节庆日持续开展“重人科幸福教育人”“重人科奔跑追梦人”等专题，集中宣传学校最美教师、优秀教师、优秀教育工作者的典型事迹，开展“最受大学生欢迎的辅导员”“最美教师”“大学生最喜爱的教师”等先进典型的评选表彰活动，营造崇尚师德、争创师德师风典型的良好舆论环境和校园氛围。三是注重师德激励，引导教师提升精神境界。完善师德表彰奖励制度，将师德表现作为每年教师节表彰中评优评先的首要条件，对师德师风表现突出的，在教师专业技术职务晋升、择优资助、学科带头人培养等评选中予以优先考虑；同时，在教师职务（职称）晋升和岗位聘用时，对于师德表现较差的教师，一票否决。四是强化师德监督，有效防止师德失范行为。学校成立的宣传监督小组，在宣传培育良好师德的基础上，还加强了对学校师德失范行为的监督，建立了师德投诉举报平台，及时掌握师德信息动态，并纠正不良倾向和

问题。对师德问题做到有诉必查，有查必果，有果必复。学校制定《重庆人文科技学院学术规范》《重庆人文科技学院学术不端行为处理办法》，进一步健全和完善科学道德规范，建立校级的学术不端行为披露、调查、处理的长效机制。加强考核、督促，促进广大教师言传身教、率先垂范，把更多的精力投入到教书育人之中。

第二，在教师队伍建设方面，为打造办学特色，学校提出实施“特色强校师为本”的生存发展战略，贯彻“稳定规模、调整结构、深化改革、提高质量、突出特色”的指导思想，按建设“师陶”团队的要求，坚持学生发展和教师发展的“双主体”发展观，有纲、有序地实施“教学质量工程”，现已取得明显成效。办学多年来确立了“强师德与师能、重人师与经师”的名师形象标准；强调做具有教师精神的学习型、科研型、双师型的“道德教师”；强调课堂教学是教师的基本功，教学质量是教师的“明信片”，教学科研是合格教师的价值增长点；突出教师在职工中的中心地位、教育中的主导地位、分配中的优先地位，确保教师幸福指数不断提高。一是加大教师培养引进力度。一方面狠抓入职教育，学校坚持每年 7 月组织开展新进教师校内岗前培训和市教委统一培训，通过举办讲座、教学示范课观摩和座谈会等形式，引领新教师尽快融入学校大环境，实现角色身份的转变。同时，充分发挥老教师的示范和传帮带作用，一对一、手把手帮助青年教师顺利入职，实现理论与实践的有机结合与统一。另一方面优化师资培养模式，持续推行“择优资助”计划，并切实加强师资培训，采取“出国培训”“学历进修”等举措，鼓励教师参加更高层次的学历教育及业务培训。推进专业技术职务评审，推动教师队伍综合素质和专业素质的提升。二是加强双师型教师队伍建设。完善“双师型”教师队伍建设制度，积极探索双师型教师队伍建设路径，建立“双师型”教师双向进入机制。

（二）以校训“厚德笃行，求真创造”规范学生的言行，培养良好道德素质

陶行知非常重视在日常生活中对学生道德行为的培养，他对学生的要求集中体现在为育才学校学生制定的《育才十二要》中。这十二项基本要求就是“一、要诚实无欺；二、要谦和有礼；三、要自觉纪律；四、要手脑并用；五、要整洁卫生；六、要正确敏捷；七、要力求进步；八、要负责做事；九、要自助助人；十、要勇于为公；十一、要坚韧沉着；十二、要有始有终”①。这些要求可谓处处着眼于人格培养，处处着眼于立人立事，是行知精神的具体体现，时至今日依然堪称典范。

重庆人文科技学院校训“厚德笃行，求真创造”正是吸取了陶行知先生“德智并重”“知行合一”“做真人”“创造”等核心教育理念，在办学实践中凝练而成，并运用到学校各项规章制度与活动中，用于规范学生行为，积极教育引导学生从自我做起，从小事做起，把爱国、敬业、诚信和友善的价值追求融入日常生活。

一是重视学生思想道德水平的建设，加强日常行为规范的建设。根据教育部《普通高等学校学生管理规定》《高等学校学生行为准则》和重庆市教育委员会有关文件精神，结合学校特点，制定发布了《重庆人文科技学院学生日常行为管理规定》，从学生一日作息规范、课堂内外学习行为规范、学生宿舍行为规范、学生请销假行为规范等四个方面规范学生日常行为，通过入学教育、主题班会等形式加强对学生日常行为管理规定的学习。

二是加强养成教育。陶行知先生指出：“过什么生活便是受什么教育；过好的生活，便是受好的教育；过坏的生活，便是受坏

① 江苏省陶行知教育思想研究会，南京晓庄师范陶行知研究室. 陶行知文集[M]. 江苏人民出版社，1981：681.

的教育。”[①]学校的办学理念能否深入人心，关键在于能否得到践行。师生只有真正去实践、去领悟之后才能提升自己的精神境界，这些理念也才能积淀为深厚的校园文化，才会有强劲的生命力。学校从学生的日常生活出发，关注学生生活细节，开展“养成教育”。以寝室学风建设为抓手，强化学习习惯教育。充分发挥园区自习室、园区考研室和园区阅览室的作用，选塑园区学习达人等先进典型，开展文化沙龙、考研辅导、学习论坛、学长导航、晒笔记和英语角等活动，营造良好学习氛围。以社会实践活动为抓手，强化行为习惯教育。发挥园区特色党支部、学生社团和志愿者组织的作用，开展“学宪法讲宪法”“我为学校代言”和“助学、筑梦、铸人”征文比赛等活动，引导学生培养自立、自强、自律和自信的意识；以文明公寓创建为抓手，强化生活习惯教育。完善学生园区活动室，成立学生之家，设立党员责任区和党员示范岗，开展文明楼栋、文明寝室、优秀军人寝室、优秀党员寝室评选挂牌等园区文化建设活动，引导学生养成健康的生活习惯；以全民健身活动为抓手，强化健身习惯教育。组建校院两级足球、篮球和瑜伽等各类运动队，广泛动员学生参与“两操一活动”、全民健身走、校运动会和校园吉尼斯等活动，培养学生养成热爱运动的习惯。

在秉承陶行知先生教育思想的办学历程中，学校涌现出了一大批优秀学生。文学与新闻传播学院 2010 届学生张韬，在汶川大地震中，亲人 4 死 3 伤，他亲自组建了“绵竹市志愿者协会大学生服务团”，坚强地为家乡学校开展支教救灾活动，表现了人性关怀的大爱，被授予“四川省抗震救灾模范”荣誉称号。工商学院 2015 届学生谭祥宗带着生病的母亲上学，打工、学习、照顾母亲三不误，连续两年因学习成绩优秀，成为国家励志奖学金获得者，坚强、独立、自信、乐观的事迹感动社会，被评为重庆市道德模范。

---

①江苏省陶行知教育思想研究会，南京晓庄师范陶行知研究室.陶行知文集[M].江苏人民出版社，1981:423－424.

三、丰富校园文化生活

陶行知先生说："好的先生不是教书，不是教学生，乃是教学生学。"[①]他又说："千教万教，教人求真…… 千学万学，学做真人。"[②]重庆人文科技学院作为重庆市唯一的陶行知研究会教学实验基地，注重在校园文化建设中融入学陶师陶活动，在陶行知先生教育理念的指引下，根据学生的实际情况，结合学校的特色，开展形式多样、内容丰富的文、艺、体、社会实践活动，以活动为载体，培育学生优良的道德品质。

（一）开展行知主题文化活动

学校成立"学陶师陶"活动领导组，统筹指导全校"学陶师陶"活动的开展，为校园"行知文化"的建设奠定良好的组织保障，同时建立行知思想"践行机制"，以"学陶师陶"活动为载体，在全校培育并形成师生员工学陶、师陶的良好风气，用实际行动践行陶行知教育思想。一是精心维护学校已有的陶行知校园文化氛围。定期清洁学校"陶行知文化园"中的陶先生塑像，清洁校园里随处可见的陶先生教育名言语录牌及各种宣传栏目，使师生们在耳濡目染、潜移默化中了解陶行知，学习陶行知。二是广泛传唱陶行知主题歌曲。陶先生之四子陶城教授生前是重庆人文科技学院陶研会顾问，曾亲自向学校陶研会赠送两首歌曲：郭沫若作词他谱曲的《大哉陶子》和以陶行知名篇为词他谱曲的《创造之歌》。学校师生传唱于校园中，增加了校园文化气氛。此外，学校还创作了重庆人文科技学院陶行知研究会会歌歌词，拟谱曲传唱。三是在陶行知诞辰、逝世纪念时期举办各种文体活动，既丰富了师

①陶行知.陶行知全集（第1卷）[M].四川教育出版社，2005:19.

②华中师范学院教育科学研究所.陶行知全集（第3卷）[M].湖南教育出版社，1985:608.

生校园文体生活，又增添了陶行知主题校园文化色彩。例如，2016 年为纪念陶行知先生逝世 70 周年，陶研会学生分会组织开展了以"'陶跑'计划、爱不停步"为主题的公益跑步活动，吸引了很多师生参加，有多家网络媒体对这次活动进行了报道。四是打造"行知大讲堂""行知读书会""行知文化艺术节""行知社团文化节""行知民族节""行知艺术展演""行知书画展""行知毕业生作品展"等行知文化活动品牌。其中在"行知大讲堂"活动中，曾邀请到中国陶行知研究会生活教育讲师团团长汤翠英副教授来校开展"陶行知思想研究"学陶报告会；邀请到中陶会会长朱小蔓教授与学校中层干部开展学陶座谈交流；同时还接待了中陶会副秘书长储朝晖研究员一行来校进行研陶指导并讲座。五是学校在综合楼 4 楼建立了"学陶园地"——陶行知研究文史陈列室。现正在筹建陶行知研究文史展览馆，已准备好了文史展览馆的图文资料。六是成立校陶行知研究会学生分会，并规范规章制度和换届工作，积极开展各种学陶师陶主题活动，以学生为主体推进"立陶创特"活动。陶研会学生分会开展了一系列学陶师陶活动，通过开展"六个一"活动，即听、诵、讲、唱、写、做等多种学陶形式，组织陶行知影视作品欣赏、书籍阅读、诗歌朗诵、书法比赛等活动，引导和鼓励师生进行陶行知题材的话剧、小品、歌舞、绘画、漫画、微电影等文艺作品创作，从不同方面着力提升学生的人文素质和专业素质，加强学生人品养成和人格塑造，培养大爱行为，让学生走进陶行知。同时创办了学生分会会刊《陶花缘》，集中展示学生分会全体会员学陶研陶成果。七是在二级学院打造陶行知实验班。通过举办实验班开班仪式，组织全班观看了《大师陶行知》，到古圣寺参观了《陶馆》，创立了学陶"微博群"，制定班徽，创办班级学陶简报，开展行知文化主题班会、"学习陶行知做真人"的志愿者活动、学陶征文大赛等系列活动，以点带面，形成全面、全员的共识同行，营造学陶的浓厚氛围。

（二）“教学做合一”融入教学活动

“教学做合一”思想强调“在做上教的是先生，在做上学的是学生”①，那么，谁掌握了“做”谁就是先生。

第一，构建和谐、融洽、求真的课堂氛围。陶行知真诚平等对待学生的态度，不仅赢得了所有学生的由衷爱戴，也使他自然地走进了学生的心灵世界。重庆人文科技学院通过青年教师教学观摩、先进班集体评选、优秀思想政治工作者选评等多种形式，激励全校师生人人参与构建融洽和谐的课堂氛围，让师生在良好的课堂氛围中求真知，做真人。在师生尊重与被尊重的情感交流中，学生懂得了尊重的意义，感受到温暖的、和谐的氛围，领悟了“千学万学，学做真人”②的真谛，涌现出许多先进德育个人。

第二，践行“教学做合一”，培养应用型人才。大学教育要以“做”为最终目的，教和学都是手段。陶行知说：“我们应当运用自然界和社会界的助力、阻力去培植幼年人的生活力，使他可以做个健全分子去征服自然，改造社会。”③“这个学校对于学生所要培植的也是生活力。它的目的是要造就有生活力的学生，使得个人的生活力更加润泽、丰富、强健，更能抵御病痛，胜过困难，解决问题，担当责任。学校必须给学生一种生活力，使他们可以单独或共同去征服自然，改造社会。”④陶先生的这种思想和我们当代的教育目的不谋而合，就是要培养学生自我生活的能力。围绕着

---

①华中师范学院教育科学研究所.陶行知全集（第2卷）[M].湖南教育出版社，1985：42.

②华中师范学院教育科学研究所.陶行知全集（第3卷）[M].湖南教育出版社，1985：608.

③顾明远，边守正.陶行知选集（三卷本）（第1卷）[M].教育科学出版社，2011：160.

④顾明远，边守正.陶行知选集（三卷本）（第1卷）[M].教育科学出版社，2011：161.

这一目的，高校应尽可能为学生提供培养自我生活能力的机会、空间和平台。当然，这不是说一切都要围绕自我生活进行教学，而是在教育中贯穿这种思想，包括自我教育、自我学习、自主创业等内容。对教师而言，可以根据学科的特点，在教学中自觉向学生传输如何在社会中通过实践实现自己的人生价值，尤其是一些以动手操作为主要特点的学科、课程，教师更要注重培养学生的动手能力、实践能力，以便为学生踏入社会且更快适应社会奠定基础。对学校来讲，应树立面向市场、面向社会的观念，需要什么样的人才就培养他什么样的能力，甚至强化这种能力，直到适应社会需要为止。唯有如此，才能培养一大批对改造社会有实际作用的手脑并用的真正的人才。

重庆人文科技学院的办学宗旨就是“知行合一，服务社会”，努力践行“教学做合一”，培养应用型人才。学校制定了新版人才培养方案和教学大纲，以实际岗位能力需求为导向，用人单位全程参与人才培养方案的制定；加大实践教学比例，开展顶岗实习、驻园研习，做实以实际岗位为工作对象的实习实践，与 70 多家企业签订校企合作协议，联合培养创新创业型人才。制定政策支持教师到企业进行挂职锻炼、专业实践、培训实习，吸引企业管理干部和技术骨干来校兼职承担教学工作，打造一支“双师型”队伍。

学校实施“课堂教学＋实践教学＋社会实践＋在线学习”的“四课堂”联动机制，构建以能力培养为核心的应用型人才培养模式。学校多次获重庆市社会实践先进集体荣誉，学生多次获社会实践先进个人称号。学校自主建设的 8 门在线开放课程被认定为重庆市精品在线开放课程；开展了应用技术型大学设计学科系列教材编写工作，在行业中产生较大影响。

（三）“生活即教育”融入学生活动

学生活动是校园文化中最活跃的内容，它能够开阔视野、增长见识、陶冶性情、塑造人格。1934 年，陶行知拟定的教育大纲中提出了五则生活目标:康健的体魄,科学的头脑,艺术的兴趣,生产的技能,自由平等互助的精神。所以学校开展丰富的学生活动是必不可少的,这对锻炼身体、陶冶情操、增强团队意识来说是非常重要的。重庆人文科技学院充分发挥各级党团组织的组织领导作用,发挥学生会、学生社团和班级的主体作用,调动广大学生的参与积极性,形成学校、学院、班级、社团多层次、全方位、立体化的校园文化发展格局。

第一,文体活动精彩纷呈,硕果累累。以校学生会、校团委、社团为平台,学校每年组织校园十佳歌手大赛、校园模特大赛、重人科摇滚节、“校园之春”“创青春”、社团文化艺术节、主题辩论赛迎新晚会等校园文化活动,让学生在活动组织和舞台表演中收获自信,提升能力;组织新老生篮球赛、足球赛、排球赛,健康了体魄,增进了新老生之间的交流;打造“民族节”品牌活动,从2004年起连续16年举办民族节暨民族团结教育活动月活动,集民族风情展、游园活动、民族运动会、民族电影展播等活动为一体,为校园文化注入了活力,并在2015年荣获“重庆市民族团结进步示范学校”荣誉称号、在2019年荣获“全国民族团结进步示范单位”荣誉称号;结合“宪法活动日”“法制宣传日”等,开展主题宣讲、主题演讲比赛、主题征文比赛、主题班会等,让学生在活动中弘扬宪法精神,增强维权意识;以爱国主义教育为重点,创新学生价值塑造平台,建立女子国旗班、学生猎人军事协会,设立国防教育活动月;持续推进高雅艺术进校园、戏曲进校园活动,引导学生弘扬优秀传统文化,提高学生的艺术和文化素养,丰富校园文化生活,达到艺术教育“润物无声、育人无形”的效果。近年来,学校在全国全市文体竞赛中取得了很好的成绩。近三年,获得重庆市级表彰的优秀学生干部、三好学生共计400余人,学生获全国少数民族运动会金牌、全国高等院校BIM应用技能比赛(本科组)一等奖、中国大学生广告艺术节创意先锋奖和金奖、全国大学生工程训练综合能力竞赛二等奖、全国大学生中华经典美文诵读大赛二等

奖、全国安全主题征文比赛一等奖和全国大学生广告艺术大赛二等奖等全国性奖项160余项;学校近年来获“全国校园文化先进单位”和“艺术教育先进单位”等多项荣誉称号,2017年4月“薪火相传民族情　众手浇开民族花——重庆人文科技学院校园民族情系列主题实践活动”荣获第九届高校校园文化建设优秀成果奖。

第二,开展养成教育主题活动,培育“真”人。陶行知认为:学生的职责是“千学万学,学做真人”①。重庆人文科技学院通过学科渗透、入学教育、升旗仪式、主题班会、周末晚上点名、升旗仪式、思政课等途径在小事中对学生进行社会公德的养成教育;加强学生学习习惯、卫生习惯、文明习惯等的养成,强化学生在校公德意识,将“真人”教育与学生日常生活行为相联系,在日常教育中培养具有公德意识的真人;持续推进“两操一活动(即早操、课间操和健身活动)”、“小球、大球”活动月、校园“吉尼斯”等全民健身活动,引导学生养成良好的健身习惯。以加强宿舍管理为重点,严格执行学生一日作息规范,开展学生园区“劳动日”“园区大扫除”等主题教育活动,引导学生养成良好生活习惯;学校还开展了“感恩”“诚信”“责任”等系列主题教育活动,如以“诚信”为主题的教育活动,在每次大型考试之前进行诚信考试教育,在各班开展诚信主题班会,签署“我自信、我诚信”的承诺书;在以“感恩”为主题的教育活动中,每个教师节学生给教师献花,每个父亲节、母亲节学生给爸爸妈妈写一封信、制作一张贺卡表达感恩之心;以“责任”为主题的教育活动要求学生努力做到:对自己负责、对他人负责、对家庭负责、对社会和国家负责,在班级中开展“四问”活动,让学生以“四问”为镜子,认真对照自己,鞭策自己。在养成教育主题活动中,引导学生自我塑造,完善、健全人格。

---

①华中师范学院教育科学研究所.陶行知全集(第3卷)[M].湖南教育出版社,1985:608.

第三，拓展志愿者活动，践行知行合一。“知行合一”是陶行知的核心教育理念，习近平总书记在2014年五四青年节时与北京大学师生座谈时也指出，“道不可坐论，德不能空谈。于实处用力，从知行合一上下功夫”[①]，要求大学生不要坐谈道德，而应该坚持知行合一，把功夫用在实践和日常执行中。重庆人文科技学院通过强化学生公益认知和公益实践，达到知行合一的道德自觉，广泛开展大学生志愿者服务活动，暑期科技、文化、卫生“三下乡”社会实践活动，爱心支教，环境保护志愿者行动，平安校园建设志愿者等活动。在活动中，学生们能够直接深入到社区、农村、城市，真正了解社情民意，认清国情世情，理解国家的大政方针，获得来自社会的知识，增进与劳动人民之间的情感，培养学生“奉献、友爱、互助、进步”的公益精神，同时把课堂上学到的知识运用到生活和社会实践中去，将死的知识变活。以艺术学院为主体的“重庆人文科技艺术学院行知艺术支教团”自2014年成立至今，参加支教的学生达到1000余人，服务了周边合川区育才中学和合川区大庙完全小学等学校的3500多名中小学生，所教授的课程有音乐唱歌课、音乐欣赏课、合唱课、美术课、手工课、书法课、舞蹈课、普通话课、羽毛球课、足球课，授课时间已达4000多个小时；深入开展大学生暑期“三下乡”社会实践活动，仅是2019年大学生暑期“三下乡”社会实践活动，学校就组织了27支团队参加，其中市级专项团队7支，校级专项团队12支，院级团队8支。活动历时近一个月，其间深入学习贯彻党的十九大精神和团的十八大精神，扎实推进团中央关于“一学一做”主题教育实践活动的部署要求，结合学校周边特有环境，大小活动共举行40余场，旨在联系周边群众、慰问留守儿童及空巢老人，被华龙网、新华网、上游新闻、《合川日报》、新浪新闻、凤凰新闻和今日头条等多家大型

① 习近平. 青年要自觉践行社会主义核心价值观：在北京大学师生座谈会上的讲话（2014年5月4日）[N]. 中国青年报，2014－05－04.

媒体累计报道上百余次。学校连续多次被中宣部、教育部及团中央等单位评为“全国大学生三下乡社会实践活动先进团队”。

(四)“社会即学校”融入社会实践活动

陶行知说:“没有生活做中心的教育是死教育。没有生活做中心的学校是死学校。没有生活做中心的书本是死书本。在死教育、死学校、死书本里鬼混的人是死人——先生是先死,学生是学死!先死与学死所造成的国是死国,所造成的世界是死世界。”①大学教育尤其是教育重要组成部分的教学一定要联系社会需求。大学作为培养高层次人才的专门机构,一定要在培养社会所需要的人才上下功夫。这不仅要求大学在办学上要坚持教育要为时代服务的理念,更要求教师在传授知识的过程中要注意理论与实践的结合,某种意义上,实践知识的传授更胜于理论知识的学习。同时,要求学生在受教育的过程中一定要注意将所学知识与社会需求密切联系,把社会需求作为自己学习、研究的课题,要主动走出象牙塔,与课外生活联系,与社会生活联系,在联系的过程中不断积累、增加知识和才干。只有学校教育不囿于课本、不囿于围墙、不囿于书本知识,只有学校教育是开放性的,是面向现代化、面向世界、面向未来、面向生活的,才能培养出符合时代要求和需要的大学生。

第一,践行“社会即学校”,服务应用型需求。一是立足地方产业结构转型和应用型人才需求。学校建立本科专业预警机制和专业合格评估机制,调整优化专业结构。二是整合利用社会资源。搭建了“老马(马善祥)工作室”“合川区人民法院远程同步数字法庭”等教学平台,服务合川地方司法,建设合川区法律援助中心重庆人文科技学院工作站,每年代理案件近20件;与合川区人

---

①江苏省陶行知教育思想研究会,南京晓庄师范陶行知研究室.陶行知文集[M].江苏人民出版社,1981:250.

民法院共建未成年人犯罪心理咨询室，对未成年犯罪嫌疑人开展心理疏导。三是服务地方经济。与合川区旅游局、合川区5家旅游企业共同签署“政、校、企”战略合作协议。四是实施教师“行知计划”。通过让教师走出校园，定期到企事业单位、中小学挂职锻炼，参与社会实践活动，逐步提升教师业务水平和教学能力。五是实施学生“行知计划”。成立“重庆人文科技学院行知艺术学生支教团”，服务地方农村小学，参加支教的学生达到500余人，授课达4000多个学时。六是响应国家深化产教融合的号召，促进教育链、人才链与产业链、创新链有机衔接，探索旅游类专业应用型人才培养模式及文旅融合模式，共同助力重庆乡村振兴。成立乡村振兴协会，与11家企业签订合作协议，联合扶持重庆乡村旅游和生态文明建设。七是立足企业一线需求。教师带领学生参与，与山城燃气公司等企业合作开展应用科技研发，联合申报专利十余项。八是开展艺术创作。近年来，学校两位青年教师分别获得一项国家艺术基金青年资助项目，带领学生积极参与，自编自导自演的原创话剧《毕业季》，作为重庆市唯一入围中国第四届校园戏剧节的作品，荣获“中国戏剧奖·校园戏剧奖”中的“优秀剧目奖”；师生创作的剧目《家园》参加重庆市第四届大学生艺术节，囊括全部共五项大奖。

第二，践行“行知创合一”，突出创新创业活动。陶行知先生说：“想自立，想进步，就须胆量放大，将试验精神，向那未发明的真理贯射过去；不怕辛苦，不怕疲倦，不怕障碍，不怕失败，一心要把那教育的奥妙新理，一个个的发现出来。”[①]而且还要敢入未开化的边疆，“单身匹马，大刀阔斧”[②]。这就是创新精神、开辟精神和创业精神。而创新创业也正是知行合一的实践成果。陶行知的“生活即教育”“社会即学校”“教学做合一”的教育思想，实际上

①陶行知.陶行知全集(第1卷)[M].四川教育出版社,2005:21.

②陶行知.陶行知全集(第1卷)[M].四川教育出版社,2005:22.

就是说要培养学生的创新创业能力和知识技能，为创业打下基础。

重庆人文科技学院近年来以推进素质教育为主题，提高人才培养质量为核心，培养创新人才为目标，把深化创新创业教育改革作为推动学校教育综合改革的突破口，创新创业教育取得一定成效。2016 年学校成立创新创业学院，完善了大学生创新创业教育运行机制，并把创新创业教育融入人才培养的全过程，制定了《关于深化创新创业教育改革实施方案》《大学生创新创业活动实践学分管理办法》等制度，开设了创新创业基础课程，实施了创新创业技能训练、实践活动和项目孵化等措施。学校先后建成了“春雨楼”创业孵化基地、“百川广场”创业孵化基地，孵化面积共 2100 余平方米，能容纳大学生创业项目（企业）60 个。创业协会、校团委定期举办“行知大讲堂”系列专家讲座、创业训练营、报告会、个体咨询、创业沙龙、创业分享会等活动，每年覆盖学生 6000 多人次。学校先后荣获“重庆市众创空间”“重庆市高校众创空间”“合川区创新创业人才培训基地”等荣誉称号，获大学生创新创业训练计划项目国家级立项 10 项、市级立项 50 项，并多次获得全国及重庆市创新创业大赛奖项。